I0759957

Pedro Calderón de la Barca

Entremeses

Barcelona **2024**
Linkgua-ediciones.com

Créditos

Título original: Entremeses.

e-mail: info@linkgua.com

Diseño de cubierta: Michel Mallard.

ISBN tapa dura: 978-84-9953-732-0.
ISBN rústica: 978-84-9897-517-8.
ISBN ebook: 978-84-9953-132-8.

Sumario

Brevísima presentación

La vida

Pedro Calderón de la Barca (Madrid, 1600-Madrid, 1681). España.
Su padre era noble y escribano en el consejo de hacienda del rey. Se educó en el colegio imperial de los jesuitas y más tarde entró en las universidades de Alcalá y Salamanca, aunque no se sabe si llegó a graduarse.
Tuvo una juventud turbulenta. Incluso se le acusa de la muerte de algunos de sus enemigos. En 1621 se negó a ser sacerdote, y poco después, en 1623, empezó a escribir y estrenar obras de teatro. Escribió más de ciento veinte, otra docena larga en colaboración y alrededor de setenta autos sacramentales. Sus primeros estrenos fueron en corrales.
Lope de Vega elogió sus obras, pero en 1629 dejaron de ser amigos tras un extraño incidente: un hermano de Calderón fue agredido y, éste al perseguir al atacante, entró en un convento donde vivía como monja la hija de Lope. Nadie sabe qué pasó.
Entre 1635 y 1637, Calderón de la Barca fue nombrado caballero de la Orden de Santiago. Por entonces publicó veinticuatro comedias en dos volúmenes y *La vida es sueño* (1636), su obra más célebre. En la década siguiente vivió en Cataluña y, entre 1640 y 1642, combatió con las tropas castellanas. Sin embargo, su salud se quebrantó y abandonó la vida militar. Entre 1647 y 1649 la muerte de la reina y después la del príncipe heredero provocaron el cierre de los teatros, por lo que Calderón tuvo que limitarse a escribir autos sacramentales.
Calderón murió mientras trabajaba en una comedia dedicada a la reina María Luisa, mujer de Carlos II el Hechizado. Su hermano José, hombre pendenciero, fue uno de sus editores más fieles.

Personajes

Un Vejete
El Rey que rabió
Rufina
Marta con sus pollos
María
La dama quintañona
Luisa
Maricastaña
El Gracioso
Perico el de los palotes
Un Hombre al revés
Músicos

Las Carnestolendas

(Dentro el Vejete, Rufina, María y Luisa.)

Vejete ¡Rufinica, Rufina, Rufinilla!

Rufina ¿Hay tal rufincar? ¿Hay tal tarabilla?
¿Llamas, padre?

Vejete En tu cuerpo, relamida.

Rufina ¿Qué menos digo yo?

Vejete Así, raída.
¿a dónde estás, exenta?

Rufina En esta sala.

Vejete Venid, dame la capa noramala.

Rufina Tómela vuesarced que ahí está puesta.

Vejete Descarada respuesta.
¿Pullas me echáis, pedrada?

(Salen las tres tras del Viejo.)

Rufina ¡Ay, Señor, no hay que decir nada!

María Padrecito del alma, lindo, hermoso...

Luisa Amo, galán de cuerpo y talle airoso...

Rufina Padrecito, almacén de Navidades...

Luisa — Inventor del mantenga y el sepades.

María — Ansí tus años que son cuatro veintes...

Rufina — En Tetuán los cuentes.

María — Pues el cosquilloso tiempo nos convida
de las Carnestolendas, por tu vida,
que nos dejes hacer una Comedia.

Vejete — ¡Miren pues que Riquelme ni que Heredia
para representar! Mejor sería
gastar la noche y día
en hacer su labor.

Luisa — Lindo regalo.

Rufina — Escupa, padre, que ha mentado el malo:
vaya arredro, patillas,
La labor deste tiempo es casadillas.

Vejete — ¿Yo gastar en Comedias mi dinero?
¡Para compraros de comer lo quiero!

María — Si licencia nos das que la estudiemos,
a comedia y a agua ayunaremos.

Vejete — ¡Oh, loco tiempo de Carnestolendas
diluvio universal de las meriendas
feria de casadillas y roscones,
vida breve de pavos y capones
y hojaldres, que al Doctor le dan ganancia
con masa cruda y con manteca rancia!

Pues ¿qué es ver derretidos los mancebos
gastar su dinerillo en tirar huevos?

Luisa

En esto su locura manifiestan,
que mejor es tirarnos lo que cuestan.

Rufina

¡Y cómo! Veinte huevos azareños
le cuestan veinte reales a sus dueños.
Tíranmelos y mánchanme un vestido,
quedo yo pesarosa y él corrido
sin alzar más cabeza en todo el día.

María

Pues ¿cuál querré yo más, por vida mía,
estas galanterías criminales,
o en dinero civiles veinte reales?

Rufina (Aparte.)

(Luisa, agora es tiempo de lograr mi traza.)

Luisa

Yo voy y a tu galán clavo esta maza.

(Vase.)

Rufina

Mucho hay que temer estas contiendas.

Vejete

No hay quien no tema en las Carnestolendas:
el capón tome muerte supitaña,
el gallo ser corrido en la campaña,
el perro, de la maza el desconcierto,
las damas, de que el perro sea muerto,
las estopas de verse chamuscadas,
las vejigas de verse aporreadas,
la sartén si su tizne alguno pringa,
el agua que la sorba la jeringa,
el salvado de andar siempre pisado,

siendo a un tiempo salvado y condenado,
Cercadas nuestras ganas estos días
de ejércitos de mil pastelerías,
y tal hambre en el cerco padecemos
que hasta las herraduras nos comemos.

María — Mas todo, padrecito, se remedia.

Vejete — ¿Con qué, hijitas rollonas?

Las dos — Con comedia.

Rufina — De otro entretenimiento no gustamos.

Las dos — Comedia, como Iglesia, nos llamamos.

(Sale el Gracioso, con maza, tras Luisa, que se esconde detrás de Rufina.)

Gracioso — ¿A mi maza?

Luisa — ¡Socorro!

Gracioso — Picarona,
¡a mí, convaleciente de fregona,
que sin valer dos habas,
hoy te enmoñas y ayer fregonicabas!
¡Vive Dios! Si no fuera (no te espante)
porque no tengo cólera bastante,
que un disparate hiciera,
y con saber las calles, me perdiera.
¿Yo con maza? ¿Soy mona? ¿A mi mamola?
¿Tan despegado soy que me echáis cola?
¡A mí cola! ¿he perdido alguna Cátedra?
¿Soy escabeche que, vendido a solas,

por un cuartillo más es todo colas?

Luisa
Pues ¿qué le han hecho? Diga...

Gracioso
Estregadera
de cuanto barro hay en Talavera,
¡hacer pulpo a un cristiano!

María
A los cristianos
de cuando en cuando los querría paganos.

Gracioso
¿Paganos? ¿Qué decís?

Rufina
Tonto sois vos
que no paganos, sino paganós.

Gracioso
Beso tus pies, que rabio por besallos,
por ver si las deidades crían callos.

Vejete
Señor, perdone usté aquesta moza,
que este tiempo en el cuerpo las retoza.
y váyase con Dios. Cerrad aquí, ¡hola!,
que no quiero pendencias por la cola.
Que yo voy, pues con esto se remedia,
a buscar quien os haga una Comedia.

Gracioso
¿Comedia ha dicho? ¡Pues no hablara antes!
Comedia le daré y representantes,
toda gente muy diestra.

Vejete
¿Búrlase vuesarced?

Gracioso
Oiga la muestra...

Vejete

Tráiganle de almorzar, que darle quiero
con que corte la cólera primero.

(Vase Luisa.)

Gracioso

Pues primero, aunque esté representando,
comeré y beberé de cuando en cuando,
que soy hombre, por Dios, de digo y hago,
tan presto represento como trago.

(Sale Luisa con un plato con algo y un jarro de vino.)

Luisa

Aquí tiene usasted un desayuno.

Gracioso

Poca cosa, mas basta para uno.

María

¡Ay cual zampa! ¡Jesús! ¿qué hambre es ésta?

Luisa

Parece que lo come por apuesta.

Vejete

Hombre, ¿comes o engulles?

Gracioso

Lindo chasco,
pocas cosas, señor, nunca las masco.

(Come aprisa y bebe.)

María

¿Niño se le hace el jarro?

Vejete

Darle un poco.

Rufina

¡Qué bien que ensarta aljófares el mozo!

Luisa

¡Los tragazos que echa, Jesucristo!

Gracioso — Pues lleve el diablo el que en la boca he visto
ansí. Se me olvidaba de decillo,
¿ustedes no querrán un bocadillo?

Vejete — ¿Falta más que comer?

Gracioso — Nada me sobra.
Salga Prado Y empiece aquesta obra.

(Agora ha de remedar a Prado con una décima o soneto.)

Seca está la boca: quiero
echar una rociada,
que entre col y col, lechuga,
dice un adagio en España.

(Bebe.)

Vejete — Lindamente le remeda.

Gracioso — ¡Muy bien!

Rufina — ¡Muy bien! En mi alma
que le ha hurtado voz y acciones!

María — A Prado le harán gran falta.

(Pónese una barbilla y gorra chata.)

Gracioso — Sale un vejete arrugado,
con barbilla, y gorra chata,
tan temblona la cabeza
como papanduja el habla,

y dice a dos hijas suyas:
«Por San Lesmes, por la lanza
de Longinos, que esta fiesta
las retoza a las muchachas
en el cuerpo, y de cosquillas
se concome la criada.»

Vejete
Esta habla es muy escura.

Gracioso
¿Tiénela vusté más clara?
La garganta tengo enjuta:
rociemos la garganta.

(Bebe.)

Rufina
No sé yo de qué está seca,
estando tan bien regada.

(Pónese mascarilla y bonete colorado.)

Gracioso
Agora sale el negrillo
requebrando aquestas damas,
con su cara de morcilla
y su bonete de grana.
¿Quelemole vuesancé,
Luisa, María y Rufiana,
que le demo colacione
que aquí la traemo gualdada,
mucha de la casamueza,
mucha de la cagancaña,
cagalón e cochelate,
calamerdos, merdaelada,
turo para vuesancé?

Rufina ¿A quién digo, camarada?
Yo le perdona mi parte,
que tan espesas viandas
entre once y doce serán
mejores para vaciadas,

(Toma una espada por el hombro, y el jarro en la mano, bebiendo a menudo.)

Gracioso Ahora sale un finflón,
o tudesco de la guarda,
hablando mucho, y aprisa,
y sin pronunciar palabra,
con su tizona en la cinta,
y en el jarro la colada,
dice echando treinta votos,
como quien no dice nada.

(Habla lo que quisiere a lo tudesco, y bebe, y luego hace que está borracho.)

¡Jesús, qué bochorno! Quiten
dese brasero las ascuas:
¿dónde van tantas linternas?
No mirarás como pasas,
Judiguelo, hijo de puta,
¡Por Cristo! Si no mirara
que eres clérigo...

Vejete ¿Yo clérigo?

Gracioso Sí, clérigo tú y tu alma.
¿A mí zancadilla? ¡Oh, perro!
¡Qué donosa zangamanga,
que paguen los tristes pies
lo que la testa es culpada!

Allá va, cómante lobos,
vaya un sueñecillo, vaya,
pero téngole ligero,
no hagan ruido, camaradas.

(Échase a dormir.)

Rufina — Padre, cayó el pecador.

Vejete — Pues mientras que se levanta,
voy por un esportillero
que a su casa guíe la danza,
que en esto viene a parar
el que de beber no para.

(Vase, y levántase el Gracioso y habla en juicio.)

Gracioso — ¿Fuese el viejo?

Rufina — Ya se fue.

Gracioso — ¡Lo que me cuestas, ingrata!

Rufina — Más me cuestas tú, pues pierdo
por ti, mi hacienda y mi casa.

Luisa — ¿No miran que vendrá el viejo?
Váyanse ya, ¿qué se tardan?

Rufina — ¿Y el dinero?

María — Va en la bolsa.

Gracioso — ¿Y las joyas?

Luisa En la manga.

(Vanse [todos] y sale el Vejete.)

Vejete
No se halla un esportillero
por un ojo de la cara.
¡Mariquita, tararira!
¡Rufinica, zarabanda!
¿A Luisica? ¡a esotra puerta!
Aún peor está que estaba:
Y mis joyas volavérunt.
¡Oh, comedor de mis arcas!
Que me robéis a mis hijas,
vaya con el diablo, vaya,
que eran prendas que comían.
Mas mis joyas... Arre, parda,
que estas cosas son del tiempo
del Rey que rabió en España.

(Sale uno con una corona, y una mano de mortero por cetro.)

Rey Yo soy el Rey que rabió.

(Cantando como mojiganga.)

Si su hija te dejó,
su trabajo le costó,
y sus tragos al pobrete.
¿Qué los quieres? Anda, vete,
déjalos, avariento vejete.

(Repiten estos dos versos y bailan los dos.)

Vejete ¡Vive Dios, que el sonecillo
hará bailar una tabla!
Pero no se lo ha de haber
allá con sus pollos Marta.

(Sale Rufina con sombrerete y mantellina y una mantellina y toca arrebozada.)

Rufina Yo soy Marta con sus pollos,
líbrame destos escollos,
que yo te daré pimpollos,
que te vuelvan mozalbete.
¿Qué nos quieres? Anda, vete
déjanos, avariento vejete.

(Repiten.)

Vejete Después que nací, no he visto
hija tan desvergonzada,
Perico el de los Palotes
no viniera más de chanza.

(Sale el Gracioso con una sotanilla, sembrada de palillos, de randas y palos de tambor.)

Gracioso Perico el de los Palotes
soy yo, no te me alborotes,
porque de dos capirotes,
serás de mis pies tapete.
¿Qué nos quieres? Anda, vete,
déjanos, avariento vejete.

Vejete ¿Qué antiguallas son aquestas?
¿Qué es esto que por mí pasa?
Parece que estoy en el

tiempo de Maricastaña.

(Sale Luisa con toca de viuda, y sombrerete, y, sayas enfaldadas, y con rueca hilando.)

Luisa

Veis aquí a Maricastaña
y sí metes más cizaña
como tuerzo esta maraña
el pasapán torcerete.
¿Qué los quieres? Anda, vete,
déjalos, avariento vejete.

Vejete

Al revés anda ya el mundo.
¡Por San Dimas! Que no falta
sino andar de hombres las hembras
y los hombres con enaguas.

(Sale un Hombre, la mitad mujer, y la otra mitad de hombre, puesto al revés, y andando hacia atrás.)

Hombre

Ves aquí un hombre al revés,
que sirvo en este entremés
de la cabeza a los pies
a los novios de sainete.
¿Qué los quieres? Anda, vete,
déjalos, avariento vejete.

Vejete

Todas las sombras me siguen,
solo falta la fantasma
de la dama Quintañona:
mas hela aquí, no hace falta.

(Sale María, con gorra chata, cuellecito y ropa antigua, basquiña vieja, y escurrida.)

María

Esta dama Quintañona
ni se afeite ni se entona,
pero sirve de ponzoña
a quien este ruido mete,
¿Qué los quieres? Anda, vete,
déjalos, avariento vejete.

Vejete

¡Por Jesucristo, que temo
que todos salgan con cañas
y me tiren como a gallo:
dicho y hecho, ¡Santa Eufrasia!

(Cantan todos.)

Todos

Al vejete, que de Cupido
ya no le ofenden y abrasan las llamas
¡hucho-ho! que le curen las damas,
¡hucho-ho! que va corrido.

Vejete

Ya yo pasé mi carrera,
¿a dónde quieren que corra
si se ha metido de gorra
el novio en la madriguera?

Todos

¿Luego amor nunca te ha herido?

Vejete

Eso es andar por las ramas.

Todos

Uchoó que le corren las damas,
uchoó que va corrido.

(Salen todos esta postrera vez con cañas, y banderillas de papel, coronas y capotillos pintados, como muchachos que van a los gallos y con varios instrumentos de la pandorga.)

Personajes

Don Lesmes
Negro
Don Tristán
Moro
Juana
Barbero
Don Gil
Hombre
Sastre
Trapera
Zurdo
Mondonguera
Dueña
Vecinos
Corcovado

Las Carnestolendas II

(Calle con entrada a la Casa de los Linajes. Salen Don Lesmes y Don Tristán.)

Don Lesmes — Don Tristán, ¿dónde vais tan enojado?

Don Tristán — A matar o morir desesperado,
don Lesmes, voy: y pues que sois mi amigo,
y no acaso os busqué, venid conmigo;
porque tengo de entrar en cierta casa
no muy segura.

Don Lesmes — Sepa lo que os pasa,
y a lo que voy también.

Don Tristán — Ya habéis sabido
que a un mal gusto rendido
(que amor tal vez a lo peor inclina),
a Juanilla pasé de mantellina
a manto; a tafetán, de bocacíes;
de tú a don, de ramplón a ponlevíes.,
de picote a sedilla,
y de lámpara, al fin, a lamparilla.
Ésta pues, picarona,
en habiendo dejado mi persona
tan pobre como veis, y de mal talle,
me ha puesto de patitas en la calle.

Don Lesmes — ¿Y deso os ofendéis? Pues ¿qué fregona
en viéndose alhajada, no desea
no ver a quien la vio, porque la vea
quien no la vio?

Don Tristán — En efecto, yo he sabido

el galán, y no solo me ha ofendido
ella, pero él también, porque sabía
el ser ya doña Juana cosa mía.
Y así, voy a buscarle
con ánimo siquiera de matarle,
si a mi justa querella
donación entre vivos no hace della.
Sé que vive en la casa
que desta calle a esotra calle pasa,
cuyo corral es todo aposentillos
llenos de vecinillos;
por cuyas varias gentes,
de oficios y de estados diferentes,
tratos, usos, naciones y lenguajes,
la Casa se llamó de los Linajes.
Y por si acaso en mi semblante nota
algo la vecindad y se alborota,
no es bien hallarme solo: y pues mi amigo
sois y es esta la casa, entrad conmigo.

Don Lesmes

A todo trance tengo
de estar con vos; que con quien vengo, vengo.

(Lléganse a la puerta de la Casa de los Linajes.)

Don Tristán

Pues quedaos a esta puerta.

Don Lesmes

¿Con qué orden?

Don Tristán

De no más que estar alerta.
Aquel es que en el patio se pasea.

Don Lesmes

Alerta quedo, y lo que fuere sea.

(Éntranse. Patio en la Casa de los Linajes. Sale don Gil.)

Don Gil
Hermosa Juana mía,
si me dijiste que hoy tu amor vendría
a verme, ¿cómo tarda?
Mas ¿cuándo no tardó bien que se aguarda?

(Salen Don Tristán y Don Lesmes: éste se queda a la puerta acechando.)

Don Tristán
Mucho me huelgo de haberos
hallado, señor don Gil.

Don Gil
No estaba perdido yo;
y si pensasteis que sí,
hubiéraisme pregonado,
y supiérades de mí.

Don Tristán
Ya lo hubiera hecho, a pensar
que había de hallar...

Don Gil
Decid.

Don Tristán
Quien diera por vos de hallazgo
un solo maravedí.
Esto no es del caso. Vamos
a lo que lo es.

Don Gil
Proseguid.

Don Tristán
Yo a la Juanilla de ayer,
doña Juana de hoy, serví;
y sabiendo vos que era
la dama de aqueste arfil,
me la habéis soplado.

Don Gil
Pues
¿de qué os quejáis, si advertís
que la dama que no come,
se sopla?

Don Tristán
Aunque eso sea así.
Quizá porque ella al Tristán
dejó la hacienda en el tris;
con todo, vengo a saber
si acción tan baja, tan vil,
haberse hecho con un sastre
pudiera.

(Sale un Sastre, cosiendo.)

Sastre
¿Qué es lo que oí?
Pues ¿qué tienen, seor hidalgo,
los sastres, para decir
que no se hiciera con vos
lo que con ellos?

Don Gil
Oíd:
que este caballero habla
conmigo.

Sastre
También de mí;
y vive Dios que si cojo
una vara de medir

Don Tristán
¡Vara de medir, picaño!
Vos debéis de presumir
que con algún zurdo habláis.

(Sale un Zurdo, rebozado, con la espada a zurdas.)

Zurdo
¿Y qué tienen, me decid,
los zurdos, para que no
deba el mismo Belianís
hablar muy cortés con ellos?

Don Tristán
¿Qué han de tener más, si vi
que aun menos derechos son
que un corcovado?

(Sale un Corcovado.)

Corcovado
Mentís:
que un corcovado no puede
ser derecho; un zurdo sí.

Don Tristán
¡Mentís a mí!

(Danse de palos.)

Don Gil
¡Deteneos!

Don Tristán
¿Qué es detenerme, si oí
lo que no sufriera un negro?

(Sale un Negro.)

Negro
Lo neglo, ¿sa gente ruin
que sufliera lo que vos
no pudiérades suflir?

Don Tristán
¡Vive Dios, que si del turco
hablara, creo que aquí

el turco se apareciera!

(Sale un Moro.)

Moro

¿Qué vos del turco decir?
El turco ser gente noble;
que estar cativo y servir,
y más a siniora duca,
no ser infamia.

Don Gil

Advertid
que estoy aquí yo... Y teneos
vos.

Don Tristán

Sí haré, pues me impedís;
mas no me las pele yo,
aunque viva años cien mil,
en bacía de barbero
(que es el potro más civil
del hombre), hasta que de todos
me vengue.

(Sale un Barbero, y tras él un Hombre, con paños y bacía, como que está haciéndose la barba.)

Barbero

¿Qué llego a oír?
¿Qué es eso de civil potro,
caballero?

Hombre

Hombre, no así
a media barba me dejes.

Barbero

¿Vos sabéis lo que os decís?
¡Metáfora de verdugo

con barberos!

Don Tristán Acudid
don Lesmes: ved que cercado
me veo de gente ruin.

Don Lesmes (Sin moverse de su puesto.)
Dejaos dar; que alerta estoy,
que es lo que me toca a mí.

Don Gil Baste estar yo de por medio
a vuestros cuartos os id.

Todos Agradezca a Dios estar
por medio el señor don Gil.

(Vanse el Sastre, el Zurdo, el Corcovado, el Negro, el Moro, el Barbero y el Hombre que salió tras él.)

Don Gil Ya estamos solos: ahora
vuestro duelo proseguid.

Don Tristán Digo, pues, que yo a Juanilla...

(Sale Juana.)

Juana ¿Quién dijo Juanilla aquí?
Pero ¿quién había de ser
sino un hombrecillo vil
de pocas obligaciones,
sin urbanidad y sin
cortesanía ni modo,
hombre pobretón, en fin,
que ignora que doña Juana

me suelen llamar a mí?

Don Tristán — Pues ¿no te acuerdas, Juanilla,
de que yo te conocí
hija de una mondonguera?

(Sale una Mondonguera.)

Mondonguera — Cuando aqueso fuese así,
¿hay persona de más sangre
que una mondonguera? Di,
deslenguado... Pero yo
sabré vengarme de ti.

Don Tristán — ¿Eres víbora o serpiente?
Y agradece no decir
dueña, que es más venenoso
animal.

(Sale una Dueña.)

Dueña — Hombre civil,
¿dueñas tomas en la boca?
¡A mi mano has de morir!

(Aráñanle las tres.)

Don Tristán — Aquesto es peor. ¡Don Lesmes!
A socorrerme venid.

Don Lesmes — Dejaos dar: alerta estoy,
que es lo que me toca a mí.

Don Tristán — ¿Oyes, pícara trapera?...

(Sale una Trapera.)

Trapera ¿Qué tienen que ver, decid,
las traperas, bribonazo,
con vuestro duelo?

Don Tristán ¡Ay de mí!
Si cuanto fuere nombrando,
al instante ha de venir,
a nadie ya nombraré.

Juana Hará bien. Y pues aquí
tan defendida me hallo
en el poder de don Gil
no me canse. Y porque advierta
lo que tiene contra sí...
(Canta.) ¡Ah de los Linajes!

Voces (Dentro.) ¿Qué quieres?

Juana Salid,
salid, porque vea,
si me da en seguir,
que en defensa mía
tiene contra sí
la gente que encierra
(Salen los de antes y un patio en Madrid.
otros vecinos y cantan.) Salid, porque vea,
si la da en seguir,
la gente que encierra
un patio en Madrid.

Fin

Personajes

Antón
Dama I
Dama II
Dama III
Aguilita, niña
Músicos

La casa holgona

Calle.

(Sale Aguilita, niña, delante y Antón, capigorrón llamándola, y ella tapada de medio ojo.)

Antón
Ojitapada niña, que la cara
traes como candilón, con antipara,
y con la nube dese manto eterno
haces a tu hermosura Sol de invierno,
dando luz tan escasa, que parece
que estás a si amanece o si no amanece:
descubre ese ojo y pon esotro alerta,
que, vive Dios, que pienso que eres tuerta.

Aguilita
Aqueso no, que en la opinión me toca.

Antón
Por eso tienes un baúl por boca.

Aguilita
Yo apostaré que ahora te desdices.

Antón
Y un lomo de camello por narices.

Aguilita
Con ellas te desmiento, majadero.

Antón
Y las manos parecen de mortero.

Aguilita
¿Tan malas son aquestas?

Antón
Bella ingrata
no trueques en menudos tanta plata.
Descúbrete por junto, niña mía,
y no me escondas la mercadería

ni esperes novedad como otros necios;
que son eternos, juro a Dios, los precios.

Aguilita — Abro la tienda, pues.

Antón — Eso me agrada.
¿Hay color?

Aguilita — Sí, señor, y de Granada.

Antón — ¿Hay albayalde?

Aguilita — No señor, que no se gasta,
pero habrá solimán.

Antón — Aqueso basta.
¿Hay miel, aceite, pasas y rasuras,
cerilla, cardenillo y limas frescas,
cabezas de carnero, vino tinto,
calabazas, borrajas, huevos frescos?

Aguilita — Hay todo eso y más. Compre sin pena.

Antón — En el infierno esté tienda tan llena.
¿Cómo te llamas?

Aguilita — ¿Yo? Aguilita.

Antón — ¡Ay, niña!
El nombre tienes de ave de rapiña.
¡Aguilita! Divórciome, aunque gruñas,
que tras el pico enseñarás las uñas.

Aguilita — Licenciado, ¿qué importará enseñarlas,

si no descubro presa donde hincarlas?

Antón Yo soy un estudiante pobre y feo.

Aguilita Pase adelante, que eso ya lo veo.
¿De qué nación?

Antón Flamenco.

Aguilita ¡Ay, manifranco!
Luego lo vide, en viéndole tan blanco.

Antón Echáronme en naciendo en escabeche,
y diéronme a mamar tinta por leche.
¿Hay más que preguntar?

Aguilita ¿Cómo se llama?

Antón Antón, a quien tentó el demonio tanto.

Aguilita [...] Más parece el tentador que el santo.

Antón Pues si demonio soy, llevarte quiero.

Aguilita Abrenuncio, Satán. Si no hay dinero,
no tienes parte en mí.

Antón ¿Ya me conjuras?

Aguilita Pues ¿qué tengo de hacer si veo figuras?

Antón Guarda, Aguilita, no te gane el pico
cualque avechucho en forma de aguilico.

Aguilita
No hará, que entre las uñas de mi brío
al Sol del oro probaré si es mío.

Antón
¿Y si en dar no descubre algún quilate?

Aguilita
Soltarele, y caerá donde se mate.

Antón
Todo me agrada, el trato y la persona.
¿A dónde vives?

Aguilita
En la Casa Holgona.

Antón
Ésta es otra. ¿Qué dices?

Aguilita
Oye, amigo,
sígame si lo duda.

Antón
Ya la sigo.
¡La Casa Holgona! Vive Dios, que pienso
dejarme buen humor en ella a censo.

Aguilita
Esta es la Casa Holgona.

Antón
¿Entraré dentro?

Aguilita
¿Quién se lo impide? Yo estoy en mi casa:
¡Ah de casa, ah de casa!

(Vase.)

Músicos
¿Quién es?

(Cantan, dentro.)

Antón Otra es aquesta,
en vísperas me vuelven la respuesta.

(Sala.)

(Salen los Músicos, por una puerta y por otra.)

Músicos (Cantan.) ¿Quién llama a la puerta,
hallándola abierta?
¿Quién llama? ¿Quién viene
que así se detiene?
¿Qué quiere, qué busca en este lugar?
¿Por qué se retira, pudiéndose entrar?
Entre si quiere, y se podrá holgar.
¡Ay qué elevado y suspenso está!
Que si la casa es holgona,
los dueños que tiene lo son mucho más.

(Vanse y sale una Dama.)

Dama I Sea muy bien venido el licenciado:
siéntese luego, que vendrá cansado.
Quítenle ese sombrero y ferreruelo.
Sudando viene: ¿trae algún pañuelo?
Sí, en verdad: limpiarele el rostro bello.
Tráiganle colación, si da para ello.
¿A ver?: un real de a ocho es en conciencia.
¡Hola! Conservas para su excelencia.
Huélguese, huélguese.

Antón Así tengas la ventura
como me aliñas, pícara, la holgura.
¡El pañuelo, la capa y el sombrero
con las costas pagadas en dinero

y el caudal hecho (¡ay, triste!) una ceniza!
¿Hay juez pesquisidor que haga tal riza,
cuando opinión y plus ganar intenta?
Esto no es Casa Holgona sino venta.

Dama I ¿Ves que se huelga pues que dice chistes?

Antón Voyme; que se me había allá olvidado...

(Sale la segunda Dama.)

Dama II ¡Jesús! Pues ¿hase de ir si no se ha holgado?
¡Qué cara, qué hermosura! ¿Qué te pones
para la tez del rostro, don Quijote?

Antón Una muda de pez y de cerote.

Dama II De leche son las manos, y aun la cara
es toda leche.

Antón No hay quien me soporte:
soy el mayor lechón que hay en la corte.

Dama II Enseñe qué es aquello que relumbra.

Antón ¡La gatatumba! Es cierto diamantejo.

Dama II Veamos, probarémele.

Antón No puedo,
que el oficial me le clavó en el dedo.

Dama II Yo sabré desclavalle.

Antón ¡Andando, pavas!
¿No ves que en desclavándole, me clavas?

Dama II Ten y tengamos pues.

Antón Si haré, y en viéndole,
volveremos al cántaro las nueces.

Dama I No le des, no le des.

Antón ¡Jesús mil veces!
Óyeme, holgona niña [...], ¿a quién digo?
¿Conmigo levas?

(Sale la Dama III.)

Dama III ¿Qué le han hecho, amigo?
Asiéntese, repórtese y escúcheme.

Antón Asiéntome, repórtome y escúchela.

Dama III ¡Qué gracia tiene! ¿Cómo no le huelgan?

Antón Porque en lugar de holgarme...

Dama III ¿Qué?

Antón Me cuelgan.

Dama III Pues ¡en la Casa Holgona!

Antón Damas bellas,
lo holgón viene a ser solo para ellas.

Dama III — El corazón me deja lastimado,
el bazo herido, el hígado llagado.

Antón — ¿Llagado? Deje: escuche aqueste cuento.
En ciertas cañas que hubo en esta villa,
sacó un galán pintada una esportilla
en la adarga, y la letra decía: Gado,
y todo junto: Es-por-ti-lla-gado.
Mas cierta dama que lo vio, replica:
«Aquella ¿es esportilla o esportica?
Porque si es esportica y Gado el mote,
quedará el cifrador de bote en bote.»

Dama III — ¡Qué gracia que ha tenido! ¿Oyes, Francisca?
Tráiganle con que beba.

Dama I — Luego vengo.

(Vase.)

Antón — Traigan que beba; que con qué, ya tengo.

(Sale Aguilita, con bizcochos y la Dama I con vino.)

Aguilita — Aquestos son bizcochos.

Antón — ¿Oís? ¿Qué digo?
¡Aguilita! ¿Sois vos?

Aguilita — Yo soy, amigo.

Antón — Amiga seas del diablo.

Aguilita — ¿Qué hay, cuitado?

Antón

Antes no hay, que ya me lo han quitado.

Dama II

Coma.

Dama I

Coma usted.

(Cómense ellas los bizcochos.)

Aguilita

¿Por qué no come?

Antón

Porque se lo han comido antes que tome.

Dama II

Beba vuested el vino, que es famoso.

Antón

Aunque en ayunas el beber es yerro,
vaya un traguito.

(Sale un Músico, arrebatándole el vino.)

Músico

Harale mal en cerro.

Antón

Guarde Dios a vuested por el cuidado
de mi salud. Si a los que aquí han entrado
regalan como a mí estas señoras,
sacarán los estómagos bien mochos.

Dama I

¿A qué le supo el vino?

Antón

A los bizcochos.

Aguilita

Señor Antón, a los bobos
de aquesta suerte los pesco.

Antón
Tendiste la red por trucha,
y pescaste un abadejo.

Aguilita
Nunca haréis vos buena harina.

Antón
Sí haré, que en la tolva puesto
tengo el alma candeal
aunque es tan trechel el cuerpo.

Dama I
Ya que entró en la Casa Holgona,
justo será que le holguemos,
pues capa y sombrero ha dado.

Antón
Y ocho reales y un pañuelo.
Cuenten como han de contar,
pues la sortija no cuento.

Dama II
Pues vaya de letra y baile.

Antón
Casa Holgona de recreo.

(Cantan.)

Músicos
En la Casa Holgona
un capigorrón
hasta los vestidos
por despojos dio.
El se ve rendido
de aquel ciego dios,
que con cada una
le tiró un arpón.
Cuando atento escucha
que con dulce son,
preguntado Anfriso

Celia respondió

Antón

Yo conozco una dama
tan grande holgona,
que por ver una danza
fue hasta Lisboa.

Aguilita

Pues yo sé de una moza
de aquesta villa,
que en habiendo ahorcado
ventana alquila.

Dama II

¿Cuáles son los holgones
más propiamente?

Antón

Los que están sin cuidado
de lo que deben.

Personajes

Juan Rana
Bernarda
Gil Parrado
La ronda
Músicos

El desafío de Juan Rana

(Salen Cosme y Bernarda.)

Bernarda
¿Es hora de venir, marido, a casa?
¿[...] Esto en el mundo pasa?
¿Vos tan tarde a comer? ¡Pierdo el sentido!
Decid, ¿qué ha sucedido?
¿De qué estáis elevado?
¿Esto hacéis a tres meses de casado?
¿Descolorido vos y descompuesto?
Decidme, ¿es pesadumbre?

Cosme
No es más desto.

Bernarda.
¿Qué tenéis? Que a escucharos me prevengo.

Cosme
Tengo honor y no sé lo que me tengo.
Hablad, y no calléis vuestra dolencia.
Mujer, [...] no traigo [...] sana la conciencia.
No os entiendo, marido. No me espanto,
Agora esto ha de ser: sacadme un manto
¿Para qué lo queréis? Rabio de enojo.
Impórtame [...] reñir de medio ojo.
Ya que de vuestras penas soy testigo,
¿con quién vais a reñir? Con un amigo.
¿Con un amigo? ¡Estoy de enojo ciega!
¿No veis que el más amigo es quien la pega?
Acabad de decillo,
que de esperallo estoy con tabardillo.
Pues yo, aunque no te alabo,
de lo que tengo en vos [...] estoy al cabo.
Sé que podéis decir, con mil placeres,
que en mí tenéis un molde de mujeres.

Esos son [...] los hechizos:
que diz que me ponéis algunos rizos.
¿Rizos a vos, esposo?
No lo habéis menester, que sois hermoso.
¡Qué cintura tenéis! Toma un higa.
Ya sé que soy galán, Dios me bendiga.
Pero dan en decir, que es lo que siento,
que os parezco mejor cuando me ausento.
Sois un terrón de necedad, marido.
Pues ya no lo seré, que me han molido.
¡A vos! No os espantéis que me alborote.
¿Vos molido? ¿Con qué? Con un garrote.
¿No conocéis, mujer, a Gil Parrado?
Pues tras haberme con un garrote dado,
solo porque yo so vuestro marido,
me dijo... ¿Qué cosa, decid? Que era sofrido.
Que erais sufrido os dijo en mi perjuicio.
Una locura tengo que es un juicio.
¿Con palo os dio que la honra tanto daña?
En fin, gracias a Dios, no fue con caña.
En fin, tontón, menguado,
que a mis ojos venís apaleado.
Cierto que la memoria tengo flaca,
pues no sé si era palo o [...] era estaca.
Santiguome de veros reportado.
Yo no, porque ya vengo santiguado.
Vos no os podéis vengar si vuestro brío
no le escribe un papel de desafío.
[...] ¡De vos me admiro!
Yo en el campo con nadie no me tiro.
Mirad, marido, cuanto a lo primero,
os habéis de calar bien el sombrero,
sacar la espada con gentil despecho,
entrar el pie derecho,

poneros recto, firme y perfilado...
¿Qué importa si él me pone de cuadrado?
[...] Luego, echalle un tajo con gran tiento,
recoger el aliento,
y con brío, que en vos no es maravilla,
¡zas! [...] tiradle a matar por la tetilla.
¿De suerte que he de entrar muy inhumano
con el pie que tuviere más a mano,
el sombrero encajado,
ponerme recto, firme y afilado,
entrar con tiento y ¡zas!, darle una herida?
¿Es más? Pues esto no lo erré en mi vida.
¿Y el atajo que os dije? En mi trabajo
no salir a reñir es el atajo.
Si no salís, he de volverme loca.
Desafiadle vos, que a vos os toca.
Venga recado de escribir, que quiero
desafiar por vos al mundo entero.
(Vase.) Voy volando. Venid muy brevemente,
porque a pausas me viene el ser valiente.
(Sale Bernarda.) Ya el recado está aquí. Pues mujer mía,
(Paséase.) dobla el papel y hacelde cortesía.
Ya está, notad con brío.
Poned de buena letra: «Amigo mío...».
(Paseándose.) La cruz se me olvidó. No es maravilla.
Poné una cruz con una lamparilla.
¿Con lamparilla? Sois un mentecato.
Digo que la pongáis por si le mato.
[Continúa dictando.] «Por aquesta sabréis de buena mano
que soy vuestro enemigo más que hermano;
y aunque vos procuréis hacerme tiros,
de cualquier modo estoy para serviros.
Si bien Gila, mi esposa,
se ha sentido estos días achacosa.»

Marido, ¿qué decís? ¿Estáis jugando?
Es caso [...] cierto,

(Paséase.)

si Dios quiere, mujer, daldo por muerto.
[Dicta.] «Y así sabréis por éste, amigo mío,
como plenariamente os desafío.»
¿Plenariamente vos? ¿Qué es lo que [...] veo?
¿No veis que riño yo por jubileo?
Por jubileo excusan las pendencias.
Pues por ello hago [...] mis diligencias.
Errado va el papel, marido, en todo.
Mujer, yo desafío de este modo:
«En campo os espero como un Marte».
¿Adónde he de poner? En cualquier parte.
Y si hallaros la suerte no dispone
¿qué hemos de hacer? Poned que me pregone.
Son las señas pequeñas.
Decid que yo le aguardo, por más señas,
en el campo esta tarde,
y acabad el papel con «Dios os guarde».
Este billete le escribiera un manco,
¿Ah, sí? Ponelde ahí mí firma en blanco,
y un real de porte le pondréis, que es treta,
y haced que le echen. ¿Dónde? En la estafeta.
Nada escribís, marido, que os importe.
Quiero que entienda que es papel de porte.
El coleto os poned para este aprieto.
Cuando voy a reñir, guardo el coleto.
Quedeos con Dios, mujer mía,
(Llorando.) a reñir voy: sabe el cielo
que no lo puedo excusar.
¡Ah! ¡Cuánto dejaros siento

con achaques de viuda!
La reputación me ha puesto
en lance tan apretado,
que el honor es lo de menos.
Lo que os soplico, mujer,
es que llaméis al barbero,
y que tengáis prevenidas
estopas, hilas y huevos,
y que miréis por Juanico
que en fin, so su padre, puesto
que a tres meses de casado
me nació en casa de tiempo,
y adiós, que no puedo más.
Cobarde, villano, necio,
a enviar voy el papel,
y mirad que os aconsejo
que vengáis a verme honrado
o volváis a casa muerto.

(Vase.)

Por Dios, que esto va de veras,
no hay que dudar: esto es hecho.
¡Yo reñir, yo desafío!
De solo pensarlo tiemblo.
Pero, en fin, ello ha de ser.
Ya en la calle estoy: protesto
que tomara de partido
cien palos, real más o menos.

(Sale Gil Parrado con un papel en la mano.)

Este papel de Juan Rana
he tenido, mas ¿qué veo?
¿No es el que miro?

(Aparte.) Cogiome
entre puertas. Esto es hecho.
Diga el muy tonto [...] menguado
¿cómo tiene atrevimiento
de desafiarme a mí?
Cierta opilación que tengo
fue la causa. ¿Cómo ansí?
Hanme dado por remedio
que haga ejercicio y que riña
para tomar el acero.
Sígame. ¿Dónde me lleva?
Al campo. Voy al momento
a prevenir la merienda.
Yo solo a reñir le llevo.
Es que ando buscando trazas
para matarle comiendo,
y ha de ser con un bocado.
Gracioso está. Saque presto
la espada y tire a matarme.
Usted piensa que es buñuelo.
Espérese, que según
mi mujer, he de entrar presto,
y he de echalle cierto atajo.
Pues ¿agora mira en ello?
Yo siempre en los desafíos
ninguna cólera tengo.

(Aparte.) (Este es gallina. Probar
a ser yo valiente quiero;
[...] en efeto, he de reñir.)
(Riñen.) ¿Qué aguarda? ¡Riña al momento!
¡Pues tome este pantuflazo!
¡Hombre, detente! ¿Qué es esto?
¿Tú eres Juan Rana? No soy

sino un diablo del infierno.
¡Aquí de Dios, que me matan!
(Sale la justicia.) La justicia ¿qué es aquesto?
He reñido con cien hombres:
los noventa y nueve huyeron,
y a éste, con la zambullida,
uñas abajo le he muerto.
¿Cómo, si está vivo? Habrá
resucitado de miedo.
¡Venga a la cárcel al punto!
¿De cuándo acá ha dado en eso?
Esto de la valentía
por línea recta lo tengo:
¡aquí del Rey, que me prenden!
(Salen todos.) De mi esposo son los ecos.
¿Qué es esto, marido mío?
¿Ya no lo miráis? Voy preso.
¿Por qué? Porque soy valiente.
Señores, si vale el ruego,
dejalde, que es mi marido.
Ahora bien, por vos lo dejo.
Ea, pues acabe en baile
lo que empezó en prendimiento.
(Canta.) Por valiente a Juan Rana
prenderle quieren.
Eso es lo que se saca
de ser valientes.
Ya es valiente Juan Rana,
ténganle miedo.
Para cuando las ranas
tengan más pelo.

Fin

Personajes

Don Pegote
Doña Quínola
Un paje
Un secretario
Un criado
Doña jimena
[Músicos]

Don Pegote

(Sale Don Pegote, un Paje con un papel, y un Secretario [y un Criado].)

Don Pegote ¿Cuyo?

Paje De mi señora doña Quínola.

Don Pegote Celos serán, sí, pene y calle,
que gloria es el penar por este talle.
Es prodigio no visto, es cosa rara
ver las que mueren por aquesta cara.
Alabo su buen gusto: yo me gozo
de que todos me digan: ¡Qué buen mozo!

(Lee.)

«Sin duda, amigo [...] estoy casi preñada:
para cofietas, puntas y pañales,
con el portador me envi... me envi...»
¿Hay tal envi? ¿Hay tal enfado?
De coraje el «envi» me ha cegado.
Dadme ¡hola! las muletas... de los ojos,
digo...

Secretario Ya yo los traigo, los antojos.

Don Pegote (Lee.) «Sin duda, amigo [...] estoy casi preñada:
para cofietas, puntas y pañales,
con el portador me envi...»
Por Dios ¡gentil empleo!
Los diablos lleven, amén, lo que yo leo.
Leed vos el papel, mi secretario.

Secretario (Lee.)
«Sin duda alguna, amigo, estoy preñada
para puntas, cofietas y pañales,
con el portador me enviad cien reales,
Doña Quínola.» Erudición sucinta.

Don Pegote [Al Paje.]
El nombre, calle y casa habéis errado,
porque en mi vida yo daré un cornado.

Paje
«A don Pegote» dice el sobrescrito.

Don Pegote
Errado está. Y tú, muy majadero,
si pensaste o creíste, plebeyote,
que ha de dar un ochavo don Pegote.

Paje
Los caballeros...

Don Pegote
Sí, ¡los caballeros
tras dejarse gozar, darán dineros!

Paje
[...] A las damas...

Don Pegote
A las damas
tener buenas ausencias de sus famas,
corteses siempre, dalles del sombrero,
mas de las bolsas no, ni del dinero.

Paje
Los que son tan galanes...

Don Pegote
Deben menos
patrimonio al amor. ¡Qué gran locura!
Y yo no vivo, no con esa usura.

Paje
Nunca creí...

Don Pegote
Pues crea el muy barbón
que en materia de dar soy un Nerón.
Tanto, que por no dar a las señoras,
si yo fuera reloj no diera horas;
ni Pascua, por no dar ni buenos días,
pésames, parabienes, bienvenidas.
Aquesto observo yo, sin que haya yerros.
Y si algo he dado, amigo, han sido perros.

Paje
No los nombre vuested, que son...

Don Pegote
Lo justo,
que buena paga es gusto por gusto.

Paje
A mi ama diré...

Don Pegote
Cuanto aquí pasa,
y que en mí resucita Don Tenaza.

Paje
No fue él tan observante.

Don Pegote
¿Replicaisme?
Despejad, picarón, luego la sala,
antes que yo os envíe noramala.

Paje
Para vuesa merced era el billete.

(Vase.)

Don Pegote
¿Bufoniza también el alcahuete?
¡Hola, de vestir muy presto, hola
fámulos!

Un criado
Voy a traello.

[Vase.]

Don Pegote — Al momento;
no espero en todo hoy verme contento.

Secretario — Pues ¿por qué, mi señor?

Don Pegote — Porque es agüero
que empiece el día con pedir dinero.
La picarona, e con gran despejo,
el parto me encajó en el billetejo.
Mas que para y que aborte por la ijada
mujer que es en pedir tan desalmada.
¡Cien reales de una vez, ciento, ciento!
¿Hay sed mayor, mayor atrevimiento?
¿Ignora lo que valen hoy cien reales?
Pues si uno solo yo gastar quisiera,
la Corte, el mundo mi serrallo fuera.
[Vuelve el criado.] Dadme la espada, ferreruelo y guantes.
¡Qué mal servido estoy destos bergantes!
Pensé ver la tal Quínola esta noche,
y agora quiero ir. Pongan el coche.

(Vanse y salen Doña Quínola y Doña Jimena.)

Doña Quínola — Fingiendo, como dije, estar preñada,
le pegué a don Pegote una gatada.
Cien reales le pedí, y agora espero
con la respuesta traigan el dinero.

Doña Jimena — Doña Quínola, es hecho de discreta,
porque míseros lindos y habladores
han de pagar doblados los favores.

(Sale un Criado.)

Criado

Mi señor don Pegote en la antecámara
pide por mí licencia para veros.

Doña Jimena

Él te trae sin duda los dineros.

Doña Quínola

¿Licencia en esta casa que es tan suya?
Decid que entre, Jimena, de aleluya
ponme la casa del cimiento al techo.
Por ella tiende alfombras y almohadas,
límpiame esos bufetes y esas sillas
y quema en el brasero dos pastillas.

(Salen Don Pegote y criados.)

Doña Quínola

Sillas, hola, presto, sillas mi Jimena.

Don Pegote

En cerro quiero hacer esta visita.
Ahorremos de parola y de cortejo,
que muero por hablar del billetejo.
Por mi vida y a fe de caballero,
¿fue de burlas aquello del dinero?

Doña Quínola

Muy otro vienes de lo que pensaba,
pues creí, por albricias del preñado,
me pusieras al cuello una cadena...

Don Pegote

Ca... ¿qué? Diga, ca... ¿qué?

Doña Quínola

Cadena de oro.

Don Pegote

¿Soy troglodita yo? ¿Soy turco o moro?

¿A qué cristiano, diga, en solo un día
se le piden cadena y cien reales?
¡Ay, ay, carita mía! ¿Quién pensara
que por dinero nadie te trocara?

Doña Quínola

¡Qué gusto y qué sal tiene el Pegotillo!
Baste la burla y el dinero venga.

Don Pegote

[...] ¿Qué dinero?

Doña Quínola

Amigo, los cien reales.

Don Pegote

¡Cien reales a mí! ¿Hay mayor locura?
Aqueso a un ginovés, abad o cura...
Mas ¿qué cura, qué abad, qué ginovés
las dará cien reales de una vez?

Doña Jimena

¡Qué estreñido y mordido!

Doña Quínola

Mal le conoces:
de caballero tiene solo el nombre.

Don Pegote

Antes todo, pues guardo mis dineros,
que ansí se usan ya los caballeros.

Doña Quínola

Creo que das culebra y que te burlas.
Dame el dinero.

Doña Jimena

¡Ríndete, Faraón!

Doña Quínola

Dame los ciento.

Doña Jimena

Dalos, importuno.

Don Pegote — El verdugo los da sin faltar uno.

Doña Quínola — Bueno está. Daca, niño, daca, daca.

Don Pegote — Daca tras, niño, caca, caca.
Lo dicho dicho; y basta, mis harpías,
madres en el tomar, en pedir, tías.

Doña Quínola — (Aparte.)
Esto va roto, hermana: oye aparte.
Aqueste es un bufón de mala mano,
y loco: es fuerza, siendo un picarote,
que todos le llamemos don Pegote.
Mi dicho aprueba: y verás, hermana,
cómo paga la burla su badana.
(Pícale con alfileres.) ¡Buena ha sido la burla, buena, buena!

Doña Jimena — Todo ha sido burlitas y quimeras.

Don Pegote — Pues agora lo digo más de veras.

Doña Jimena — ¡Qué galán!

Doña Quínola — Eslo mucho, y gentilhombre.

Doña Jimena — Es muy discreto.

Doña Quínola — Y viste muy al uso.

Don Pegote — Si la verdad he dicho, infames brujas,
¿por qué me dais tormento con agujas?

Doña Quínola — Dícenme que vusted usaba mudas.

Don Pegote
Mentido han, por la fe de caballero:
las lunadas me ponen como harnero.

Doña Quínola
Sufra y calle; que los honrados sufren.

Don Pegote
Pues yo no sufro, no, que a ser sufrido,
ya ocupara una plaza de marido.

Doña Quínola
¡Qué lindo fuera, pues, para un encierro!

Don Pegote
Bien vengado, tenéis, niñas, el perro.
El bullicio ostentad, dejad las tretas,
que me parece que oigo castañetas.
Desfogad en guitarras, que en más justo.

Doña Quínola
Pues lo paga tan bien, démosle gusto.

Doña Jimena
¿Qué baile quiere? Pida por la boca.

Doña Quínola
Mejor fuera pedir por las ijadas.

Don Pegote
Al diablo dé vusted esas probadas.
Por mi contemplación luego se cante,
aunque se pierda todo el consonante.

(Salen Músicos, tañen y bailan.)

Músicos
En un tono alegre
vuelven las mudanzas,
que esto de lo grave
con poquito enfada.
Vaya de lo alegre,
de lo fino vaya,
y lo bullicioso

a los puestos salga.
Vaya en seguidillas,
pues que son sus gracias
las que dan el punto
a la miel colada.

Don Pegote

A las hembras convido
yo a no dar nada,
que no es poca ventura
ver esta cara,
que no es poca, etc.

Fin del entremés

Personajes

Villano
Un Alcalde
Vejete
Un Sacristán
Teresa
Una Criada
Un Soldado

El dragoncillo

(Salen el Gracioso de villano, Teresa, graciosa, y una Criada.)

Teresa
Huid, marido, que viene la Justicia
con grande gente acá, y trae codicia
sin duda de prenderos,
cumplido el plazo ya, por los dineros
que a Gil Parrado a deber quedasteis,
de aquellas negras tierras que comprasteis.

Gracioso
¿Y es verdad, mujer mía,
que vienen hacia acá?

Teresa
¡Qué bobería!
Pues si verdad no fuera,
¿para qué os lo dijera?

Gracioso
¿Fuera gran maravilla
dejarla de decir por no decilla?

Teresa
Corred, pues, y meteos en sagrado.

Gracioso
Ya correré, mujer, que Dios loado,
ligero so.

Teresa
Pues ¿cómo tan reacio
os estáis?

Gracioso
Como yo corro de espacio.

Teresa
Con esas necedades han entrado
ya en casa, y no hay corral, puerta o terrado
por donde os retiréis; y así, esconderos

es fuerza, si queréis preso no veros...

Gracioso
Decidme vos ¿adónde,
cuando yo vengo y otro está, se esconde?

Teresa
¿Malicias, mentecato?
En aqueste pajar, por este rato
os entrad, que quizá no caerá en ello.

Gracioso
Para otra vez me huelgo de sabello.

(Vase. Sale el Vejete con vara de alcalde.)

Vejete
¿Está en casa Parrado?

Teresa
No, señor alcalde. Viendo que ha llegado
el plazo de la deuda, retraído
le hallaréis en la Iglesia.

Vejete
Necio ha sido,
pues yo a esto no venía,
sino a que sepa que una Compañía
que de tránsito pasa,
alojándola voy de casa en casa
y a él le toca un soldado
que esta noche ha de estar aquí hospedado.
Entre, que aquí el furriel que quede manda.

(Sale un Soldado y vase el Vejete.)

Soldado
¡Gracias a Dios que ya llegó mi tanda!

Vejete
Adiós, soldado, que en buena casa queda.

Teresa
No muy buena, pues no hay con qué le pueda
servir, ni aun con la cena que se suele.

Soldado
Señora patrona, no se desconsuele,
que hecha a trabajos viene la persona.
(Aparte.) (¡Por Dios que es así así la tal patrona!)
Y con una ensalada,
un jamón, una polla, una empanada,
unos rábanos y unas
rajas de queso, y unas aceitunas,
pan y vino, y de dulce algún bocado,
como quiera lo pasa Juan Soldado.

Teresa
Pues Juan Soldado crea y se persuada
que de todo eso hay solo la en-pan-nada.

Soldado (Canta.)
¿Qué importa que no tengas,
patrona mía,
más regalo, si tienes
esa carilla?

Gracioso
Pajar mío, pues miras
decirla amores
préstame [...] tu tranca
para esta noche.

Teresa (Canta.)
¡Ay! que no se desvele,
por vida suya,
que es más sorda, aunque no oiga
la que no escucha.

Gracioso (Canta.)
Si la tranca en la mano
quedito llego,
hágolo por dar vado

a mi pensamiento.

Soldado (Canta.) Pues aunque te [...] enojes
si falta cena,
pajaritos que vuelen
traeré a tu mesa.

Gracioso (Canta.) De cenar le ha ofrecido,
vuelve atrás, tranca,
hasta ver donde vuelan
mis esperanzas.

Teresa (Canta.) Pues me vende carocas
que yo no merco,
váyase noramala
que no le quiero.

Gracioso (Canta.) ¡Que a mi esposa regalen
y ella no admita!
¿Quién ha visto, madre,
tan gran desdicha?

Soldado (Canta.) Si es que desconfía
de que lo traiga,
ir y venir con todo
sabré en volandas.
Que aunque Juan Juanillo
solo me llamo,
bien saben que soy todos
la piel del diablo.

(Sale el Gracioso con una tranca.)

Gracioso ¡Jesús mil veces! ¿Qué me ha sucedido?

Soldado
¿Quién es este pazguato?

Teresa
Mi marido,
que tiembla cuando en casa ve alojado
de cualquier Compañía algún soldado.

Soldado
No tenga ni recelos ni aflicciones,
que es una Compañía de Dragones.

Gracioso
Hombre, ¿qué dices?

Soldado
Que es una Compañía
de Dragones.

Gracioso
¡Ay, Virgen María!
A retraerme vo.

Teresa
¿A mí me dejas
a los Dragones?

Gracioso
Sin razón te quejas
que a ti no te harán mal, que sois parientes.

Teresa
¿Parientes?

Gracioso
Sí, dragones y serpientes.

Soldado
Mas yo soy tan compuesto,
tan santo, tan pacífico y modesto,
que nada pediré.

Gracioso
Pues ¿si no hubiera
cama en mi casa?

Soldado
En el pajar durmiera.

Gracioso
¿Si en ella no se hallara
cena a esta hora?

Soldado
Sin cenar quedara.

Gracioso
Aquel que veis enfrente
es el pajar; yo es fuerza que me ausente;
y así, pues que me vo, dejar quisiera
atrancada la puerta por de fuera.

Soldado (Aparte.)
(Con la tranca en la mano,
¿quién no obedece el ruego de un villano?)
Digo que soy contento:
con pajar y tejado me contento,
según vengo rendido.

(Éntrase el Soldado.)

Gracioso
Aquí he de ver un primor de gran marido.
La llave de mi honor, mujer, es ésta;
(Dale una llave.) cátala aquí, no quiero más respuesta.
Porque la confianza
es la que más seguridad alcanza.
(Aparte.) Tómala, cierra tú. (¡Oh, en esta ausencia,
no me muerdas, gusano, la conciencia!)

(Vase. Sale una Criada.)

Criada
¡Gracias a Dios, señora,
que llegó de acabar de irse la hora!

Teresa ¿Qué importa, si ha quedado
el dragoncillo ahí?

Criada Ya está cerrado,
no hay que temer; y más, que está dormido.

Teresa Mira quién hace en esa puerta ruido.

(Sale el Sacristán, y trae en unas alforjas que trae al cuello todo lo que dicen los versos.)

Sacristán Teresa de las Teresas,
y aún de las Marías y Anas,
Isabeles y Beatrices,
Juanas, Luisas y Catalinas:
apenas tu retraído
marido volvió la espalda,
cuando éntrome acá, que llueve.
Pues ¿qué es eso? ¿No me abrazas?
¿Quid habet Domina mea?

Teresa ¿Qué quieres si tengo en casa
un huésped?

Sacristán ¡Hosped! ¿Quid est?

Teresa Un soldadillo, que acaban
de alojar aquí esta noche.

Criada ¡Oh qué de poco te espantas!
¿Qué importa, si está cerrado
en el pajar, con la tranca
que esté o no [...]?

Sacristán — Tú, Marica,
redidisti ad corpus almam.
Pon la mesa, porque quiero
ir aliviando la carga.

Criada — La mesa, vela aquí puesta,
con sus platos y su taza,
su salero y su candil.

(Ha de haber una mesa no muy pesada con manteles, unos platos, vaso, y salero, y un candil en un velador.)

Sacristán — Pues ves aquí una ensalada
(Ensalada.) que para italiana solo
le faltó venir de Italia.
Huevos duros para ella
(Huevos.) en el bonete se guardan.
Una en-pan-algo está aquí,
(Empanada.) porque se hizo en mi casa,
que a ser en la del figón
no fuera sino en-pan-nada.
Con su jamón, una polla
(Jamón y polla.) rellena, y salpimentada.
Rabanitos y aceitunas
(Rábanos y aceitunas.) para la postre no faltan.
(Saca la bota In pectore está la bota,
del pecho.) sede apud ego.

Teresa — Sentada
estoy, y asiéntate tú
también, Marica.

(Dentro.)

Gracioso ¡Ah de casa!

Teresa ¡Triste de mí! ¡Mi marido!

Sacristán ¿Qué he de hacer?

Teresa ¡Ay desdichada
que no sé!

Criada Yo sí, todo esto
por esos rincones guarda.

Gracioso (Dentro.) ¡Ah de casa!

Criada Cual dormida
responde.

Teresa ¿Quién es quien llama?

Gracioso El menor marido tuyo.

Criada No es tiempo éste de demandas,
ponte debajo la mesa.

Sacristán Para una trampa, otra trampa.

Gracioso [Dentro.] ¡Ah, de casa!

Criada ¡Ay! ¿Qué es [...] señor?

(Sale el Gracioso.)

Gracioso ¿Tanto en esconderse tardan?

Criada
Señor, seas bien venido.

Teresa
¡Qué bien parece en su casa
un hombre tras una ausencia!

Gracioso
Y más ausencia tan larga...

Teresa
¿A qué vuelves?

Gracioso
¡Ay polilla
del honor, y cuánto escarbas!

Teresa (Aparte.)
(¿No quitarás los manteles?

Criada
Se viera si los quitara.)

Teresa
¿A qué vienes?

Gracioso
(Va hacia el paño.)
Solo a esto.
Muy bien puesta está la tranca.
¡Lo que hace hacer un marido
de su mujer confianza!

Soldado (Dentro.)
¡Señor Patrón!

Gracioso
¡Seo Soldado!

Soldado
Sáqueme usté de esta jaula.

Gracioso
¿Qué quiere, señor Soldado?

(Abre el Gracioso la puerta y sale el Soldado.)

Soldado (Aparte.)
(Pues he visto cuanto pasa,

les he de cenar la cena
o me he de pelar las barbas.)
Porque le sentí llamé;
ya dormí, y como la gana
del dormir se fue, se vino
la de cenar.

Gracioso
Pues no hay nada.

Soldado
No se aflija. No lo pido,
que si un secreto me guarda
yo haré que cenemos todos.

Gracioso
Como él no se me vaya
yo lo guardaré muy bien.

Teresa
Y las dos. ¿Qué es lo que traza?

Soldado
Pues como los tres me ayuden,
yo haré que venga en volandas
aquí la cena.

Gracioso
¿Qué habemos
de hacer?

Soldado
La señora ama
ha de alumbrar con la luz
y alcanzarlo la criada.
Y el Patrón me ayudará
al conjuro.

Gracioso
¡Eso no, guarda!
¿Yo conjuro?

Soldado ¿Por qué no,
si linda cena le aguarda?

Gracioso Eso de cena es el diablo.
Vaya por mi parte.

Soldado Vaya.
Ten tú el candil, y tú, alerta
y hacer lo que se les manda.
(Aparte.) (Porque si no han de escuchar
como el dragoncillo canta.)

Teresa Obedecer es forzoso.

Soldado Alumbra bien, que las caras
nos hemos de ver porque
todo lo que hiciese, haga.

(Toma el candil Teresa, y el Soldado hace como que conjura, y el Gracioso hace las mismas acciones, y la Criada va trayendo lo que escondió.)

Soldado Quiririn quin paz.

Gracioso Quirírín quin paz.

Soldado Quiririn quin puz.

Gracioso Quiririn quin puz.

Soldado Aquí el buz.

Gracioso Aquí el buz.

Soldado Aquí el baz.

Gracioso Aquí el baz.

Soldado Tras.

Gracioso Tras.

Soldado Tris.

Gracioso Tris.

Soldado Tros.

Gracioso Tros.

Soldado Trus.

Gracioso Trus.

Soldado Quirilín quin paz, quirilín quin puz.
¡Oh tú, que estás encerrado
(el dónde yo me lo sé),
ven de un bufete cargado,
y mira que quiero que
no venga desmantelado!
A mi mandado
de obedecer no te alteres,
porque te diré quién eres,
y saldrá el enredo a luz.
Aquí el buz.

Gracioso Aquí el buz.

Soldado Allí el baz.

Gracioso Allí el baz.

Soldado Tras.

Gracioso Tras.

Soldado Tris.

Gracioso Tris.

Soldado Tros.

Gracioso Tros.

Soldado Trus.

Gracioso Trus.

Soldado Aquí el buz.

Gracioso Allí el buz.

(Viene el Sacristán debajo de la mesa andando con ella.)

Sacristán (Aparte.) (¡Que haya yo de obedecer!

Teresa ¡Y que yo de alumbrar haya!)

Gracioso ¡Ay señores! ¿Qué es aquesto?
¡Por su pie la mesa anda
y puesta y todo!

Soldado ¡Chitón,

y no del cerco se salgan!
¡Oh tú, que de una empanada
sabes, y de una ensalada
a dónde escondida está!
A este rincón donde va
dásela a aquesa criada.
Y tú, que me oyes con pena,
pon en esotro rincón,
como si fuera alacena
un pedazo de jamón,
y alguna polla rellena,
y sea muy buena.
Mira que si no lo es,
o de tajo o de revés
haré en tu cara una cruz.
Aquí el buz, etc.

Criada
Sin ver quién, allí me han dado
ensalada y empanada,
polla rellena y jamón.

Gracioso
¿Dónde diablos te lo hallas?

Teresa (Aparte.)
(Yo bien lo sé.

Sacristán
Y aun yo, y todo.)

Soldado
Ahora lo mejor falta.
¡Oh tú, que buenas fortunas
echas en espuerta rota
por las Estigias lagunas!
Trae rábano y aceitunas,
pan y queso, y una bota,
y no esté rota.

Porque si esto no me das,
irán tras ti un zis y un zas
como trueno de arcabuz.
Aquí el buz, etc.

Criada — Ya está aquí cuanto ha nombrado.

Soldado — ¿Basta esto, Patrón?

Gracioso — No basta,
porque ¿esto qué es si no trae
todo un menudo de vaca?

Soldado — Pues va de menudo. ¡Oh tú...!

Teresa (Aparte.) — (¡Hombre del diablo, repara
que no hay más!)

Soldado — Dice el Demonio,
que aquí al oído me habla,
que comamos ahora esto
que después, si hiciere falta,
traerá lo demás.

Gracioso — Comamos.

Soldado — Los cuatro, amor y compaña,
nos lleguemos.

Gracioso — ¿Y es seguro,
seor Soldado?

Soldado — ¿Eso extraña?
Para quien estaba hecho

lo diga...

Sacristán (Aparte.) (Para mí estaba
y así yo quiero decirlo.)

(Alcanza el Gracioso qué comer, y el Sacristán, que está debajo de la mesa, se lo quita.)

Gracioso ¡Ay, ay, que me arrebatan
la comida!

Soldado Calle y coma.

Gracioso Otro es quien come y quien calla.

Soldado No se meta ahora en eso,
ahí es un camarada.

Gracioso ¡Por Dios él sea quien fuere,
que la polla está extremada!
¿No hay vino?

Criada Aquí está la bota.

Soldado Límpiese. Harele la salva.

(Va a beber el Gracioso, y el Soldado le quita la bota, y luego el Sacristán.)

Gracioso ¡Ay que me llevan la taza!

Soldado Ya se la vuelven.

Gracioso Tizona
fue aquélla si ésta es colada.

Por más vuelve.

Soldado

Venga acá.
¿Es mucho si hay quien lo traiga
que haya también quien lo coma?

Gracioso

No por cierto, ni aun no nada.

Soldado

Ahora, pues ya hemos cenado,
el mejor postre nos falta
que es ver a quien lo ha traído.

Teresa

Hombre del diablo, ¿qué trazas?

Gracioso

Yo no he de verlo.

Teresa

Ni yo.

Soldado

¿Pues no le hemos de dar gracias?

Gracioso

Yo no soy agradecido.

Teresa

Y yo siempre he sido ingrata.

Soldado

¡Oh tú, que diste la cena,
licencia doy de que salgas,
y dando un gran estallido
por donde viniste, vayas!

Sacristán

Eso solamente haré
yo de bonísima gana.

(Sale de debajo de la mesa el Sacristán, y lleva un cohete cebado, y dando el trueno, apaga la luz, y danse golpes unos a otros.)

Gracioso ¡Jesús, mil veces Jesús!
¡La luz del candil se apaga!

Sacristán Deste soldadillo tengo
de vengarme.

Gracioso ¡Ay que me matan!

Sacristán A buen bocado, buen grito,
Soldadillo, ¿dónde andas?

Soldado Aquí.

Sacristán Pues toma.

Gracioso No toma sino mi espalda.

Teresa Yo me voy a mi cocina.

Criada Yo debajo de mi cama.

Sacristán Yo me voy a mi produndis.

Soldado Y yo a mi Cuerpo de Guardia.

Gracioso Y yo a mi guarda de cuerpo.
Y pues nadie a escuras baila,
a buscar un baile voy
que sirva de mojiganga.

Personajes

Unos franchotes
Un Alcalde
Un Escribano
Una Franchota

La franchota

(Salen el Alcalde y el Escribano.)

Escribano
Señor alcalde...

Alcalde
Hombre, ¿qué me quieres?

Escribano
Quiérole más que al oro las mujeres.
Señor alcalde...

Alcalde
¿Qué me quieres, hombre?

Escribano
Quiérole más que título a su nombre.
Señor alcalde...

Alcalde
¿Qué me quieres? Dilo...

Escribano
Quiérole más que crítico a su estilo.
Señor alcalde...

Alcalde
¿Qué quieres?, que me aguas...

Escribano
Quiérole más que dama a sus enaguas.
Señor alcalde...

Alcalde
¡Al buen Jesús pluguiera
que a ser alcalde nunca yo viniera,
pues que sin mí pudo pasar la villa
así pasara yo sin tarabilla!
Y porque de pasearme
dejes [...] juro a Dios que he de sentarme
aunque sea en el suelo.

Escribano — Quédese usted con Dios.

Alcalde — Guárdeos el cielo.
Pero volved acá... ¿Para qué ha sido
lo que me habéis corrido y recorrido?

Escribano — Vine a sacarle hoy de un gran cuidado.

Alcalde — ¿Por qué no me sacáis?

Escribano — Se me ha olvidado.

Alcalde — ¿Hay casos semejantes?
¿Pues no se os olvidara un poco antes,
y no después que me tenéis molido?

Escribano — ¡Ah, sí! ¡Válgame Dios! Ya sé que ha sido...
Señor alcalde...

Alcalde — Mira que me caigo,
acaba ya.

Escribano — Un soplo que le traigo
de una prisión muy rara.

Alcalde — Y el soplo ¿es a traición, o cara a cara?

Escribano — No sea mentecato...

Alcalde — Decid si lo oleremos de aquí a un rato.

Escribano — Al lugar ha venido
sin saber quién ha sido,
una tropa de hombres y mujeres.

Alcalde
Pues bien ¿qué importa? Hombre ¿qué me quieres?
¿Será bien que interrompa
un alcalde que jueguen a la trompa?

Escribano
Hay muchas opiniones
de que éstos son grandísimos ladrones;
Porque ni [...] son ingleses,
ni alemanes, ni turcos, ni irlandeses,
ni esguízaros, ni medos, ni romanos
ni cantones, ni persas, ni italianos,
ni se les sabe [...] patria, estado y nombre.

Alcalde
Pues tanto que mejor. Déjame, hombre.

Escribano
Importa mucho...

Alcalde
¿Qué?

Escribano
Reconocellos
y saber luego dellos;
quién son, y dónde van, y cómo y cuándo;
que no es bien que cantando
anden por el lugar con tanta nota
una lengua franchota
en que tales gabachos
piden limosna, y llámanlos borrachos.

Alcalde
¿Eso pasa? [...] Vamos luego al punto
a saber todo junto,
quién son, y dónde van, y cuándo y cómo:
¡Verán si alcalde so de tomo y lomo!

Escribano
Helos aquí, que vienen ya cantando.

Alcalde
Más parece que vienen rebuznando.

(Salen los Franchotes [cantando].)

Franchotes

Si yo me vach en Fransa
la sopa de lesú,
si yo me vach en Fransa
no tornaré ma piú.

Escribano

Llegad ya.

Alcalde

Sí haré, pero primero...

Escribano

¿Qué? [...]

Alcalde

Rogaros quiero
que no me den con algo.

Escribano

Llegad: yo quedo aquí, que a todo salgo.

Alcalde

¡Ay qué bellaco encuentro!
¿Qué importa quedar vos, si yo me entro?

Franchotes

Si yo me vach en Fransa
la sopa de lesú,
si yo me vach en Fransa
no tornaré ma piú.

Escribano

Llegad [...].

Alcalde

¡Jesús, y qué visiones!
Escribano, ¿entendéis estas canciones?

Escribano

Yo no.

Alcalde Yo sí.

Escribano Qué dicen ver pretendo.

Alcalde No sé qué dicen, pero bien lo entiendo.

Escribano Llegad ya.

Alcalde ¿Ya no llego?
Mis señores chanflones, decí, os ruego,
quién sois, y dónde vais, y cómo y cuándo:
[Aparte] (¡lo que puede un alcalde pescudando!)

Franchota Yo [...] responderé por nostra xente,
mío alcaldo.

Alcalde ¡Ay, señores, qué franchota!
En el alma me bulle la chicota
turbar hiciera a Bartolo y Baldo:
¡mire allí con la sal, que por alcalde dijo alcalde!

Franchota Y yo, y los peregrinos compañeros
andamo ura pobres Estranxeros,
vedendo Monserratos e San Iaco.

Alcalde [Al Escribano.] Vos sois un grandísimo bellaco.
pues decís que ladrones
son, y van a rezar sus devociones,
y sin ningún desgarro
monos herrados beben en su jarro.

Franchota ¡Bene mío, el mío cor...!

Alcalde ¡Ay mentecato

de mí!

Franchota Vos sois el mío cor asucarato.

Alcalde Tan triste estó, que de contento lloro;
en fin ¿Yo so su cucharón y coro?

Franchota E ¿qué vulite de me?

Alcalde Franchota hermosa,
¿bollos de miel decís?, ¡qué linda cosa!

Escribano Preguntad de qué vive.

Alcalde El diablo os tome:
¿No es forzoso vivir de lo que come?
Mas por volver a hablalla sin dar nota,
se le he de pescudar. ¡Ay, qué Franchota!
¿De qué vivís? Decid...

Franchote No entender niente.

Alcalde ¿Veis? ¿No lo dije yo? De untar el diente,
¿De qué pasáis la vida?

Franchota ¡Oh bagatela!
De cantare cantiña tarantela.

Alcalde [Al Escribano.] Sois un pícaro vos...

Escribano ¿Qué os alborota?

Alcalde En decir que es ladrona. ¡Ay qué Franchota!
Tan vertuosa niña,

y tarantola, y cántaro con tiña.

Franchota
¡Ay, que no me hay entiso!
Que no es aquiso, frate, sino aquiso:
Adote música y la tarantela,
desota la polé de la Gonela.
A lo mar, y a lo mar,
que salta tú si vui saltar.
A lo mar chico dexoya
folla capucha cocucetona,

Alcalde
Basta, que la cabeza tengo rota.

Franchota
Que ésta es la tarantela.

Alcalde
¡Ay, qué Franchota!

Franchota
Si vole Vuseñoría
cualque altra cousa de la vita mía,
diga cualque parola.

Alcalde
¿Quién se vio en semejante carambola?
¿qué me quieres decir?

Franchota
Que aquesta dona
de la vostra persona
esquiava es, esquiavuza y esquiavota,
y esquiavaza tambén.

Alcalde
¡Ay, qué Franchota!
Pero no ha de salirle muy de balde,
porque ¿so alcalde, o no so alcalde?
¿Qué más tenéis que hacer en esta villa?

Franchota El lantururú.

Alcalde ¿Qué es esto, tarabilla?

Franchota Si no me avite entiso
el lantururú es aquiso:
[Canta y baila.] Monsiur de la Valeta,
¿por qué me mata vuy,
si so tan bon soldat
en la guerra cuanto tú?
Lanturulú, lantantú.

Alcalde Yo he de morir si dura esta chacota.
De aquí todos os id. ¡Ay, qué Franchota!

Franchota Fuchite tuti, que aquisto alcaldo
(Vanse los Franchotes.) nos volite matar.

Alcalde Vos huís en vano
[Asiéndola.] teneos a la justicia,
que no os ha de valer vuestra malicia.
Y vos id a seguillos, tarabilla,
nenguno se nos vaya de la villa.

Franchota Core mio belo, mia vita, bene mio;
decame ir libre,
sinacho culpa,
¿empender si te gano?

Alcalde ¡Ay, que Franchota!
aunque más os remilguéis
con franchotes arrumacos,
vos no os habéis de ir de aquí,
presa habéis de estar en tanto

que yo entienda vuessa lengua,
y que sepa cómo y cuándo.

Franchota

¿Cómo qué? Alcalde, alcaldillo,
alcaldote, y alcaldazo.
Vos no sabéis quién soy yo
pues que os atrevéis a tanto.
No hagáis que llame un gigante
de los que conmigo traigo,
que sin qué ni para qué
os mate a coces, y a palos.

Escribano

Señor alcalde, ya todos
los franchotes han volado.

Alcalde

¡Pues vos pagaréis por todos!

Franchota

¡Pietá, pietá, per Dio Santo!

Alcalde

No hay pietá, que no es bien
me deis en tan breve espacio
en irlandés los favores,
las coces en castellano.

Franchota

Pues si aquesto no volite,
por el aire iré volando.

Alcalde

No harás, que primero yo
te sabré tener del faldo,
si aquí no me desenojas,
haciendo un baile extremado.

Franchota

Tenga, que yo lo haré así,
pues ya salen a ayudarnos.

Personajes

Lorenzo
Tres galanes
Inés
Un Valiente
Un Vejete

Guardadme las espaldas

(Salen Lorenzo y el Vejete.)

Vejete

Ceguezuelo rapaz que me desvelas.
¿A la vejez viruelas?
Agora el corazón me has traspasado
y me tienes de Inés enamorado,
y por mostrarte en mí más riguroso
haces que esté celoso,
porque ella, tan liviana, se permite
que a cuantos hay en el lugar admite.
Mas yo pienso decille a su marido
lo que pasa, y que mire por su casa.
Y deste modo, en tantos desconsuelos,
remediará mis celos con sus celos,
y me pienso quedar dueño absoluto
de Inés, y de mi amor coger el fruto,
porque yo le he criado,
y de mí siempre vive asegurado.
Mas no sé si ha de hacer lo que conviene
porque ¡es tan grande tonto! Pero él viene:
¡Oh, Lorenzo! Tú seas bienvenido.

Lorenzo

Déjame, porque vengo divertido.

(Mirándose las manos.)

Vejete

¿Qué te miras la mano y qué señalas?

Lorenzo

Cierto que hay en el mundo cosas ralas.

Vejete

Yo no puedo entender lo que te elevas.

Lorenzo — Cada día ve un hombre cosas nuevas.

Vejete — Pues dime qué es sin que el dudar me cueste.

Lorenzo — Que aqueste dedo es más chiquito que éste.

Vejete — ¿Ahora sales con eso, di, menguado?

Lorenzo — Hasta ahora no lo había reparado.

Vejete — Deja esas boberías, por tu vida,
y advierte que la honra por lo menos
te ha de decir lo que avisarte quiero,
y es un caso tan grave y tan severo
que nadie lo ha de oír al referillo.

Lorenzo — Pues yo me voy si nadie no ha de oíllo.

Vejete — Tú sí lo has de escuchar, porque te toca,
mas no lo oiga la gente impertinente.

Lorenzo — ¡Válgame Dios! Pues yo también soy gente.

Vejete — Óyeme, tu mujer, es cosa pública
que tiene diez galanes.

Lorenzo — ¿Diez galanes?

Vejete — Lo que oyes. Venga tu honra, que es la mía,
y mátalos a todos en un día,
y velos tú pasando, uno por uno,
(Dale la espada.) con esta espada, y tíñela hasta el cabo.

Lorenzo — Juro a Dios que los pase como un nabo.

Vejete

Mira, tú has de ponerte aquesta noche
al umbral de tu puerta, y uno a uno,
como fueren llegando,
¡zás! con lindo despejo illes pegando,
y ¡zás! hasta que quedes satisfecho.

Lorenzo

Esto ya me parece que está hecho,
porque si hay alguien que acercarse quiera,
¡zás! le pienso pegar desta manera,
¡y zás, y zás [...]!

(Da espaldarazos al viejo.)

Vejete

Tente, menguado.

Lorenzo

Mire, so un bercebú si estó enojado.

Vejete

Tú eres cosa perdida,
y fiar de ti nada de provecho
es grande bobería y es mal hecho.
Yo te traeré un valiente
que desde el mismo oriente hasta el poniente
no hay otro como él, y no te asombres,
que se traga a los hombres
como anises del Duque muy delgados,
y se los va tragando así, a puñados.

Lorenzo

Pues tragaraos a vos, así que os vea,
porque oléis a diez leguas a grajea.

Vejete

Pues yo voy a enviarte este valiente,
que yo a pagalle desde aquí me obligo.
Pero mira, Lorenzo, que te digo

que te estés a la puerta, y no consientas
que entre ninguno el tiempo que me tarde.

Lorenzo ¿Quién ha de entrar? Callad. Así Dios os guarde.

Vejete Pues no se entre ninguno. Mas ya viene.
Inés: haz lo que tanto te conviene,
que hoy con todos a un tiempo darás cabo.

(Hace que se va y detiénele Lorenzo.)

Lorenzo No se os olvide de traer el bravo,
porque, después de Dios, ese valiente
ha de ser mi remedio totalmente.

Vejete No se me olvidará.

Lorenzo No por San Pablo.

Vejete Voyme. No vea Inés que a ti te hablo.

Lorenzo Con un valiente cobra un hombre brío.

(Vase el Viejo. Sale Inés y abraza a Lorenzo y él la quita.)

Inés Marido de mis ojos, dueño mío,
abrazadme, abrazadme y reabrazadme.

Lorenzo Quitaos y requitaos y redejadme.

Inés Mi bien, mi esposo, mi señor, mi dueño.

Lorenzo Quitaos allá.

Inés ¿Pues vos conmigo airado?
Sois mi galán, aunque os hacéis de bronce.

Lorenzo Desa suerte conmigo tenéis once.

Inés Yo no os entiendo [...].

Lorenzo Pues yo me entiendo,
que dicen que tenéis tantos galanes
que si ellos fueron pollos de ahechadura,
uno por fuerza le tocara al cura.

Inés ¿Diez os han dicho? ¡Plegue a Dios, marido,
que si tal tengo! no me hagáis que jure
(Aparte.) (que a vos os lleven cuatro mil demonios)
mas yo soy muy sujeta a testimonios.
Cinco sí tengo: el viejo, el forastero,
que ya tiene su hora y yo le espero
esta noche, después de haber entrado
los otros tres que tienen mejor grado.
¡Que tal digan! ¡Qué lenguas hay tan fieras!
¿Y lo creéis vos? Soy desgraciada,
y estas cosas me tienen acabada,
sin salud y con sustos infinitos.

Lorenzo No tenéis ya que hacerme pucheritos,
que hoy ha de ver el mundo mi venganza,
(Aparte.) que tengo un hombre yo... (pero callemos
honra mía, hasta tanto que os venguemos)
y entraos allá, no sean los demonios
que os dé con esta espada adredemente.

Inés Bien sabéis vos que moriré inocente.

Lorenzo

Mientras viene el valiente, obre esta espada
pero ya tengo moro en la estacada.

(Vase Inés y sale un galán embozado.)

Galán I (Aparte.)

(Lorenzo está a la puerta, mas no importa:
que ha de valerme su simpleza extraña
y allá tengo de entrar, que ésta es la maña):
¡Ah, Lorenzo! Escúchame atentamente,
noble sois, cuerdo sois, y sois valiente
yo entro a ver a vuestra esposa, y por si ha habido
quien algo le haya dicho a su marido,
pues sois mi amigo, y de vos me valgo,
(Vase.) guardadme las espaldas, que ya salgo.

Lorenzo

Ve aquí un empeño bien enfecultoso:
la amistad de un amigo aquí me llama
y a esotra parte mi deshonra clama;
pues venza la amistad eternamente
pues soy noble, soy cuerdo y soy valiente.

Galán II (Aparte.)

(A su puerta está puesto, mas no importa):

¡Ah, hidalgo! Pues que veis que me resuelvo,
no me entre nadie aquí, que luego vuelvo.

(Entrase por la puerta que el primer Galán entró.)

Lorenzo

¡Ah, caballero, advierta, çé, a quien digo!
mire usté que allá dentro está un amigo
que me dijo que aquí estuviese alerta.

(Sale el Galán primero riñendo con el Gracioso.)

Galán I (Vase.)
¡Muy lindo modo de guardar la puerta!

Lorenzo
No hay sino dar y echar por esos trigos,
¿pues qué he de hacer si todos son amigos?

Galán III
Oíd estas razones, reparaldas,
mientras salgo, guardadme las espaldas.

Lorenzo
La cuenta de los diez ya sale cierta.

(Éntrase el tercero Galán, por la puerta que los otros, y sale el segundo.)

Galán II
¡Muy lindo modo de guardar la puerta!

Lorenzo
Señores, yo soy solo y no es posible;
hacer más que por uno es imposible,
y aunque hago cuanto puedo por servillos,
al cabo, al cabo, sin poder valerme,
después de rempujarme y de molerme,
se entren sin más ni más propios y extraños.
Parezco mayordomo en día de años:
pero de esta vez mi honra
va perdida y rematada
si no viene aquel valiente
que me ayude a rescatalla.
¡Ay! Dios le traiga con bien
y las benditísimas ánimas.

Vejete
Haga ucé lo que le digo,
que aún mayor será la paga.

Valiente
Pues despachemos aprisa
porque una mujer me aguarda,
y se ha de cumplir [...] todo.

Vejete (Dale un bolsillo.)
¡Válgame Dios! Poco falta.
¡Ah, Lorenzo! Ya te traigo
conmigo la flor de España,
y el que ha de satisfacerte.

Lorenzo
Padre mío de mi alma
y honra mía.

Valiente
Aquí no hay más
sino andar y Santas Pascuas.

Vejete
Dime ¿a ver a tu mujer
ha entrado alguno en tu casa?

Lorenzo
No es mujer que se descuida,
ya tiene muy buena entrada.

Vejete
No importa, porque aquí está
quien no dejará tajada
de todos.

Valiente
Déjelo ucé,
que en fin, ucé es camarada.

Lorenzo
Ya yo sé que ucé es ucé,
y que el ser ucé le basta.

Valiente
¿Y cuántos hombres son estos
que he de matar? Porque vaya,
con que si no son cincuenta,
con menos no hacemos nada,
y me iré si no son tantos.

Lorenzo

Pues en conciencia jurada,
que lo que es a la hora de ahora
desprevenidos nos halla,
que cuanto muchos son diez
mas usté supla las faltas.

Valiente

Esto es muy poco, y me voy
si no es mayor la matanza.

Lorenzo

Mate usté a este vejete
y no se hable más palabra.

Vejete (Éntrase.)

¿Que me mate a mí? ¿Estás loco?

Valiente

Pero por ser gente honrada
me allanaré a cualquier cosa.

Lorenzo

Dios me guarde a uced, por tantas
mercedes como me hace,
que no podré pagallas
en mi vida.

Valiente

Fíe de mí,
que me he inclinado a su causa,
cuanto mis fuerzas alcanzan,
y esto va en inclinaciones.

Lorenzo

Sí, señor, uced lo haga
lo mojer que osté supiere,
pues pongo mis esperanzas
en vusté.

Valiente

Es un cuitado
y hoy verá como una plata

su honra.

Lorenzo Yo así lo creo.

Valiente Algún Ángel con él habla:
mire, el hombre más dichoso
es que ha habido en [...] España
en haberme a mí traído.
Una, dos, tres, cuatro casas:
aquesta es si no me engaño
y porque en la cuenta vaya
¿no es ésta su casa?

Lorenzo Sí.

Valiente ¿Y cuántos dentro se hallan?

Lorenzo Tres hay dentro, y buen provecho.

Valiente Pues la cuenta está ajustada.
Agora me sigo yo,
(Vase.) guardadme vos las espaldas.

Vejete ¿Qué es aquesto?

Lorenzo Que al valiente
se le ha llegado su tanda,
y por no perder su turno
se ha entrado agora en mi casa.

Vejete Esa es gran bellaquería:
dadme, Lorenzo, esa espada,
que ya no puede mi enojo
sufrir desvergüenza tanta.

A todos he de matallos,
y porque en la cuenta vaya,
¿cuántos están dentro?

Lorenzo Cuatro.

Vejete Pues la cuenta está ajustada,
agora me sigo yo:
guardadme vos las espaldas.

Lorenzo ¿De manera que son cinco
los que han entrado en mi casa?
Pues ahora me sigo yo
y pues que todos me faltan,
al auditorio suplico
que me guarde las espaldas.

Galán I ¿A dónde va el mentecato?

Lorenzo Señor, voyme noramala,
que no pretendo estorbar.

Galán I ¡Vaya el simple, vaya, vaya!

(Dale de palos.)

Lorenzo Bien el refrán se ha cumplido,
que los palos me faltaban.

Inés (Sale Inés.) Baila, Lorenzo, conmigo
y así cesará la chanza.

Lorenzo Y mandábanle bailar
como quien no dice nada.

Personajes

Torrente
Cortadilla
Mostrenca
Lorenzo
Chilindrina, vejete
Rechonchón, alcalde1
Oruga, alcalde

Los instrumentos

(Salen riñendo Torrente, Cortadilla, Mostrenca, Chilindrina y Lorenzo, puesto en medio, deteniéndolos.)

Torrente

Sal aquí, viejecillo, injerto en mona,
sal aquí, papanduja con valona,
sal aquí, matalote,
valiente venial, ladrón a escote.

Cortadilla

Colegial de la Venta de Viveros,
ladrón, retal ganancia de mauleros,
sal aquí, monicaco,
tabaco viejo y viejo de tabaco.

Mostrenca

Sal aquí, presa en mosto, y pinta en zorra,
hueso de capa y gorra,
refresco de refrescos,
boca sin tabas y tabas con gregüescos.

Chilindrina

Tú eres el «sal aquí», perro de granja,
barbas de letuario de naranja,
y tú, y tú, turrutú, desde la cuna
miente lo que le toca a cada una.
¿Qué es «sal aquí»? ¿Soy perro cuando trato
de probar que al nacer salí tan grato
que oyéndome llorar por los rincones,
se escondían temblando los ratones,
y si a la calle en brazos me sacaban,
a ladridos los gozques se mataban?
¿Qué es «sal aquí»?

Lorenzo

Dejaldo Chilindrina.

Chilindrina ¿Qué es «sal aquí»?

Lorenzo ¿Por qué es esta mohína?

Chilindrina Por que me tienen por ladrón de ogaño,
siendo yo el que inventó el primer araño,
el que las bolsas lleva en pasatiempo,
el que arruga las cosas más que el tiempo.

Cortadilla ¡Apártate, Torrente,
(Saca el guifero.) que le he de guiferar aquella frente!

Mostrenca Espera, parasismo de los viejos.

Chilindrina Arrójote un mentís por estar lejos.

Mostrenca Pégote un bofetón con que echo el sello.

Chilindrina ¡Doite de palos!

Mostrenca ¡Mátote por ello!

Chilindrina Diome con la forzosa.

Torrente Llenose el duelo: vamos a otra cosa.

(Júntanse en corrillo y salen los dos alcaldes.)

Oruga (Aparte.) (Estos son los ladrones, llegad quedo,
alcalde Rechonchón.)

Rechonchón ¡Jesús, qué miedo!
Oid, alcalde Oruga, y ¿con qué hurtan?

Oruga
Con escalas y llaves.

Rechonchón
Mas ¿de veras?
Pensé que con agujas y tijeras.

Oruga
Eso no, no he de creello, camarada.

Rechonchón
Vos no estáis obligado a creer nada.

Oruga
Yo ¿pues por qué? No entiendo este enredo.

Rechonchón
Porque en vuestro linaje no hubo Credo.

Oruga
¡Fuego en lengua, que habla mal de balde!

Rechonchón
Nunca pidáis lo que tenéis, alcalde.

Oruga
Mirad que se os irán, ¡llegad, prendedlos!

Rechonchón
Prendedlos vos, no me metáis en cuentos,
que, al fin, estáis más ducho en prendimientos.

Oruga
Por inocente sufro estas razones.

Rechonchón
Y aún me ponéis, por serlo, entre ladrones.

Oruga
Prendedlos, no sea en balde la venida.

Rechonchón
Ya vo, mas vení acá, por vuesa vida,
decidme (pues que sos de engaño ralo)
¿cuál de aquestos ladrones es el malo?

Oruga
¡Yo qué sé!

Rechonchón — No neguéis, que aqueste punto
por testigo de vista os lo pregunto.

Oruga — Sois un puerco y ¡por Cristo!,
que a bocados os coma si me acerco.

Rechonchón — ¿Cómo habéis de comerme si so puerco?

Torrente — Quedo, que nos han sentido,
los alcaldes deste pueblo.

Chilidrón — Nadie se altere, que yo
los sacaré deste aprieto.

Rechonchón — ¡Loado sea Jesucristo!

Oruga — ¡Que no habéis de decir eso!
Sino ¿qué gente?

Rechonchón — ¿Qué gente?
¡Los ladrones!

Chilidrón — Ni por pienso.

Rechonchón — ¿Veis como mentís, alcalde,
que no son ladrones?

Oruga — Bueno,
ladrones son.

Rechonchón — Mas, por Dios...

Oruga — Llegad con cólera.

Rechonchón — Llego:
Deo gracias.

Todos — Por siempre.

Rechonchón — Alcalde,
ladrones por siempre.

Oruga — Necio
no lleguéis con esa flema,
sino echando chispas.

Rechonchón — Eso
a vos os toca, que estáis
desde tamañito ardiendo.

(Cantan y bailan y el alcalde Rechonchón con ellos.)

Chilidrón — Mocitas de la alegría...

Cortadilla — Viejecito de placer...

Chilidrón — Decid a la compañía
que toquen y tañan los instrumentos,
y todos alegres, gustosos, contentos,
con mil carreritas parad y corred.

Oruga — ¡Qué gentil bellaquería!
Vengan a la cárcel presos.

Rechonchón — Eso no, ¡por Jesucristo!,
que son ladrones del cielo,
primero os prenderé a vos...

(Ásele.)

Oruga
¿Estáis borracho?

Rechonchón
Por eso,
que vos no bebéis la causa
y estáis libre del efecto.

Oruga
¿De qué vivís?

Chilidrón
De vender
danzas, bailes, instrumentos.

Torrente
Cascabeles, campanillas...

Cortadilla
Castañetas, embelecos...

Lorenzo
Sonajillas, silbatillos...

Mostrenca
Arpas, guitarras, panderos...

(Hacen la reverencia cantando Todos, y el alcalde responde cantando, haciendo la reverencia y quitándose la caperuza.)

Todos
En esta fiesta del Corpus
para vobiscum.

Rechonchón
Oremos.
¡Alto! Todo he de comprallo
que ogaño, que so el festero,
he de her al señor San Corpus
lo que no vieren los ciegos
¿Tenéis comedias?

Chilidrón
Pues no,
Autos.

Rechonchón
Esos no los quiero.

Chilidrón
¿Por qué?

Rechonchón
Por que aquí al alcalde
le sobran los de Toledo.

Oruga
¡Vive Cristo! Que si os cojo...

Rechonchón
Que me pongáis en un leño.

Oruga
Villanchón, ¿de dónde os nacen
esos dichos?

(Va tras él.)

Rechonchón
De sus hechos.

Oruga
No ha de gastarse una blanca,
que está empeñado el Concejo...

Rechonchón
Harto es que no esté vendido
entendiendo vos en ello.

Oruga
Y hay mil faltas en la Villa...

Rechonchón
Echadlas acá y veremos
si nos quitan nuessa fiesta.

Oruga
Están los órganos viejos...

Rechonchón
Tíñanse y ráspense bien
que otros mejores lo han hecho

Oruga
Están muy rotos los fuelles...

Rechonchón
Pónganle los del herrero
y soplen como pudieren.

Oruga
La torre se está cayendo...

Rechonchón
Pues téngase a la Justicia.

Oruga
Han hurtado el monumento...

Rechonchón
Pagalde.

Oruga
¿Yo? Pues ¿por qué?

Rechonchón
Porque os quedasteis durmiendo
siendo de guarda.

Oruga
Mentís.

Rechonchón
¿No me diréis qué os ha hecho
el Corpus, que no podéis
tragalle, por más que hacemos?

Oruga
No ha de haber fiesta este Corpus.

Rechonchón
Fiesta ha de haber, compañero.

Chilindrina
Ea, ¿habéis de comprar algo?

Rechonchón
¿Qué es comprar? Dad muestra luego.

Lorenzo Esta es danza sacristana.

(Campanilla.)

(Van pasando por detrás de Rechonchón, con todos los instrumentos y él va volviendo la cabeza a una parte y otra.)

Torrente Ésta lo es de cedacero.

(Sonajas.)

Cortadilla Ésta es danza gitanil.

(Castañeta.)

Mostrenca Ésta de cascabel grueso.

(Cascabeles.)

Otro Esta danza fregaril.

(Pandero.)

Chilindrina Ésta es habla de jilgueros.

(Silbatillo.)

Rechonchón ¡Jesús, que me ahogo en danzas!

Todos Todos te las ofrecemos.

(Cantando.)

Lorenzo

Ésta es tris, tras, de los vivos,
el metintín de los muertos,
el brin bron de los nublados,
el tantarán de los fuegos,
el repique de las fiestas...

Rechonchón

¡Calla, hombre!

Lorenzo

El clamoreo...

Rechonchón

¡Valga el diablo el hablador,
a ver si calláis con esto!

(Quítale la campanilla y pónesela.)

Cortadilla

Ésta es dama de las Cortes,
labradora de los pueblos,
de las jácaras, cosquillas,
de las bodas, instrumentos,
de las comedias, alivio...

Rechonchón

¡Calla demonio!

Cortadilla

Y gracejo
de los tonos y los bailes.

Rechonchón

¿No? ¡Pues haré lo que suelo!

(Quítale las castañetas y póneselas.)

Mostrenca

Estos son ruido de ruidos,
entretelas de pandero,
liga de todo danzante,
manillas de morteruelos,

joyeles de los caballos,
hábito de caballeros...

Rechonchón ¡Calla!

Mostrenca Pregón...

Rechonchón ¿Otro diablo...?
¡Pues yo te pondré silencio!

(Quítale los cascabeles y póneselos.)

Otro Éste es el supleguitarras,
el son de los zagalejos,
el reclamo de las Mayas,
el bullicio gitanesco,
el apodo de los tontos,
el susurro...

Rechonchón Quedo, quedo.

Otro Es él...

Rechonchón Diablo que te lleve
¿y a quién no te le hace menos?

(Quítale el pandero y póneselo.)

Torrente Éste es gusto de los blancos,
regocijo de los negros,
socorro de villancicos,
de las pandorgas, estruendo,
chillido de portugueses...

Rechonchón — Calla demonio.

Torrente — Festejo...

Rechonchón — ¿No queréis? Pues esperad...

(Quítale las sonajas.)

Chilindrina — Éste es del campo señuelo,
verdugo de las comedias,
de los toros regodeo,
bocina de salteadores...

Rechonchón — Y yo quien os le salteo.

(Pónese el silbato en la boca.)

Lorenzo — Ésta es el ser de los tonos,
la ganancia de los ciegos,
la ronda de los veranos,
la esclava de los barberos,
el aparador de cuerdas,
la lengua...

Rechonchón — Para, cochero

Lorenzo — El grito...

Rechonchón — Escupe siquiera...

Lorenzo — Ésta es...

Rechonchón — El postrer remedio.

(Quítale la guitarra.)

Oruga — Miren aquí qué simpleza,
decid, alcalde, ¿estáis bueno?

Rechonchón — Salud tengo ¡gloria a Dios!

Oruga — ¿Qué parecéis?

Rechonchón — ¿Qué parezco?
Picota con pesos falsos.

Oruga — ¿Y qué habéis de hacer con eso?

Rechonchón — Herme las fiestas yo solo,
pues todas las danzas tengo.

Mostrenca — Eso será si las paga.

Rechonchón — Antes lo han de pagar ellos
y yo he de ganar perdones.

Todos — ¿Cómo, cómo?

Rechonchón — Ceno, ceno,
ladronazos.

Oruga — Eso sí.

Mostrenca — La flor nos han descubierto.

Oruga — Llevadlos luego a la cárcel,
decid, ¿qué esperáis?

Rechonchón
Yo espero,
no esperades vos más,
desde vueso nacimiento.

Chilidrón
Aquí corremos peligro,
ea, hijos, al remedio.

(Cantan y bailan.)

Uno
Alcaldito que a todos los prendes,
¡Ay que colerita y enojo que tienes!

Otro
¡Ay que colerí, colerí, colerita,
ay que colerí, colerín, colerá!

Uno
¿Con que todo lo tocas y bailas
saltando de aquí para allí, para allá,
por aquí, por allí?

Otro
¡Por acá, por allá!

Otro
Hurtar pensamos al pueblo
y él nos hurtó sin pensar.

Rechonchón
Así, señor ladronazo,
se hace manco el gavilán.

Uno
Hónrenos vusted, que somos
de apellido principal.

Rechonchón
Hasta aquí fueron ladrones,
hurtados desde hoy serán.

Otro
Pues lo ganó por su mano,

	por su pie lo ha de bailar.
Rechonchón	Desa suerte hice a la pila, el alcalde, ¿de qué miráis?
[Todos]	Alcaldito, etc.

(Repiten y bailan.)

Personajes

Mari-Zarpa
El Zurdillo
Mari-Pilonga
Sornavirón
El Ñarro
Zampayo
Un vejete
Doña Pizorra
El gracioso

Las jácaras

(Salen el Gracioso y el Vejete.)

Gracioso — Su enfermedad ¿no es más que esa locura?

Vejete — ¿No es harta?

Gracioso — No, para tan grande cura.

Vejete — ¿Cómo no, si la tema en que ahora ha dado
es en cantar con grande desenfado
jácaras noche y día?
En Castilla no hay ni Andalucía,
ni mujer libre ni rufián valiente
cuya vida en tonada diferente
no cante. Si azotaron en la costa
al Zurdillo; parece que fue aposta
solo porque se hallara
otra jácara más que ella cantara.
Si arrastrando la soga
trae el Ñarro, y se la enfalda donde ahoga,
cátale al Ñarro ya, que en dos instantes
su vida tiene puesta en consonantes.
Si a la vergüenza allá en Jerez sacaron
a la Pizorra y la desvergonzaron,
solo fue porque hubiera
otra jácara más que ella supiera.
Zampayo y la Pilonga,
Sornavirón, Añasco, Serrallonga...
De modo que ocupada
en esto solo una doncella honrada
tiene. ¡Ved! ¡qué devoto Flos sanctorum
libro de vidas, que es Flos latronorum!

Gracioso

¿Ve vuesarced todo eso?
El seso cobrará o perderé el seso.
La gente que he traído
¿dónde está?

Vejete

Por ahí la he repartido.

Gracioso

Pues adiós: y hago usted lo que le he dicho,
y atención a una cura de capricho.

(Vase.)

Vejete

Ya ella viene tocando [...]
las castañetas.

(Sale Mari-Zarpa, tocando las castañetas.)

Vejete

Mari-Zarpa ¿cuándo
te has de cansar de andar toda la vida
entreteniendo, mal entretenida?

Mari-Zarpa

¿Mal entretenimiento
es decir al compás deste instrumento...?

Vejete

Tente, espera, no cantes,
porque una maldición te he de echar antes:
¡Plega a Dios, si cantares,
se te aparezca luego a quien nombrares,
quejoso a letra vista
de que seas infame coronista
de azotes y galeras,
de ladrones, de trongas y hechiceras!

(Vase.)

Mari-Zarpa

Aunque miedo me pongas
de hechiceras, ladrones y de trongas,
he de cantar: no temo tus razones.
Dense a la maldición las maldiciones,
porque no fuera justo que cayera
sobre mí por cantar desta manera:

(Canta.)

Con el fieltro hasta los ojos,
con el vino hasta la boca,
y el tabaco hasta el galillo,
pardo albañal de la cholla,
columpiando la estatura
y meciendo la persona,
Zampayo entró, el de Jerez,
en cas de Maripilonga.

(Salen Zampayo y la Pilonga.)

Zampayo

Si entré en casa de María,
a vuesarced ¿qué le importa?
Cada uno entra donde halla
más agrado y menos costa.

Pilonga

¿Es puerto seco mi casa,
y es vuesa merced, señora,
la aduana, que [...] saber
quién entra o sale le importa?

Mari-Zarpa

¿Hay tan grande atrevimiento?
¡Dentro de mi casa propia
se entran...!

Zampayo

Sí, pues no nos deja

estar vuesarced en las otras.

Mari-Zarpa ¡Padre! ¡Señor!

Zampayo No dé voces,
que aunque el mundo la socorra
no nos verán.

Mari-Zarpa [...] ¿Cómo?

Zampayo Como hemos venido en sombra,
solo a decir que no sea
vuesa merced tan curiosa,
que vidas ajenas cante
pudiendo llorar la propia.

Pilonga Y cada vez que a Zampayo
o a mí nos tome en la boca,
vendremos... Pero esto baste...
A darla... Pero esto bonda.

Mari-Zarpa Digo que en mi vida ya,
por lo que a ustedes les toca,
diré: «Esta jácara es mía».
Pero bien...

Los dos ¿Qué?

Mari-Zarpa Que sé otras;
que si ustedes están libres
y hasta aquí se entran agora,
preso está Sornavirón
y no vendrá. Va su historia.

(Vanse los dos.)

(Canta.) Enjaulado está en Sevilla
Sornavirón el de Osuna,
por gavilán de talegos,
por gato de cerraduras.

(Sale Sornavirón, con prisiones en los pies y en las manos.)

Sornavirón Si estoy enjaulado o no,
el diablo tuvo la culpa,
porque dio en chismoso el diablo
y fue a avisar a la gura
de que sin armas estaba
envainado en la bayuca.
Que a estar con ellas, volviera
turbada toda la turba.
Demás de que estar el hombre
enjaulado, no es injuria;
que enjaulado está un león.
Solo lo que ahora me atufa
es que vusted me discante
los casos de mi fortuna:
y así, ¡voto a lo que voto!,
que si otra vez me pernuncia
el nombre, que la he de hacer
que me sueñe y no me gruña.
Que soy muchísimo hombre
para andar escrito en burlas.
El Zurdillo podrá ser
que lo agradezca a las musas,
que es vano: cánteme dél,
si quiere templar mi furia,
que quiero oír [...] como sabe

mi historia, sabe la suya.

Mari-Zarpa — Si vienes a oírme cantar,
dime: ¿para qué me asustas?

Sornavirón — Para que soy visión.

Mari-Zarpa — Pues,
visión de buen gusto, escucha.

(Canta.)
Al Zurdillo de la Costa
hoy otra vez le azotaron,
con que tienen dos jubones
papales como zapatos.

(Sale el Zurdillo, de cautivo.)

Zurdillo — La primera vez, mi reina,
fue por un testigo falso,
y la segunda por otro,
si bien no mintieron ambos.

Sornavirón — ¿Oye usted? Ahí se la dejo:
riña con ella otro rato.

(Vase.)

Zurdillo — Padecí, porque no estuvo
en mi mano el remediarlo
la vez primera, y la otra
[...] estuvo en ajena mano,
y...

(Amenázala.)

Mari-Zarpa Tenga vusted la zurda,
porque es dos veces agravio
y vuélvase a su galera.
Que no es bien que un hombre honrado
sin licencia haya venido,
a su obligación faltando.
Que yo le doy mi palabra
de no cantar sus trabajos.

Zurdillo Yo lo aceto: y hará bien.
Que solo es bueno ese canto
allá para la Pizorra,
que ha que pasó muchos años.

Mari-Zarpa En extremo le agradezco
que me lo haya acordado,
que con eso cantaré
sin que venga a darme espanto.

(Vase Zurdillo.)

(Canta.) Con mil honras, vive Cristo,
me llaman Doña Pizorra.
Que si en Jerez me azotaron,
me azotaron con mil honras.

(Sale Doña Pizorra, con locas largas, cantando.)

Por lo menos no me vieron
en las espaldas corcova,
ni dijo esta boca es mía
al levantar de la roncha.

Mari-Zarpa ¡Jesús mil veces! ¡Qué miro!

¿De dónde sales agora?

Doña Pizorra

De mi buen retiro salgo,
no porque cantes mi historia,
sino porque diga en ella
más adelante la trova
que fui moza de servicio,
no habiendo yo sido moza.
Por lo cual, otra vez que
te acuerdes de mi persona,
te llevaré por los aires
desde aquí a Constantinopla.

(Vase.)

Mari-Zarpa

No soy amiga de andar
en mal seguras tramoyas,
haciendo ángeles en unas
y haciendo diablos en otras.
En fin, de ninguno canto
que no se aparezca en sombra.
Mas si están vivos, ¿qué mucho
que hasta aquí se entren agora?
Ahorcado está y enterrado
el Ñarro: ¿qué me acongoja?
Si yo no he de reventar
y él no puede venir, oigan:

(Canta.)

Cansose el Ñarro de Andújar
que es aliñado en extremo,
de traer la soga arrastrando
y enfaldósela al pescuezo.

(Sale el Ñarro, con una soga al pescuezo y un palo a manera de horca.)

El Ñarro

Hice muy bien de enfaldarla,
que era grande desacierto
andar en mi misma soga
tropezando por momentos.

Mari-Zarpa

¡Válgame el cielo! ¡Qué miro!
¿Muerto vienes?

El Ñarro

Muerto vengo,
que tu voz sola pudiera
hacer levantar los muertos.
Y no vengo yo a quejarme
como esotros majaderos,
sino a darte muchas gracias
del honor que por ti tengo.
¿Quién se acordara de mí
si no fuera por tu acento?
¿Ni qué más honra un ahorcado
tiene que el andar en versos?
Entiende que cada vez
que me hagas sufragio dello,
te he de hacer una visita.

Mari-Zarpa

Agradecido esqueleto,
nadie negoció conmigo
mejor que tú, ni más presto
que no cantara su historia,
Pues ya cantaré primero
de la Pilonga, y Zampayo,
de Sornavirón el fiero,
del Zurdillo y Añasquillo
y, la Pizorra los hechos,
que a ti te tome en la boca.

(Salen todos, como han salido.)

Todos ¿Qué nos quieres?

Mari-Zarpa Nada os quiero.

El Ñarro En nombrándonos, es fuerza
que vengamos al momento.

Mari-Zarpa Ahora no os nombré cantando.

El Ñarro Ni aun rezado queremos
que nos tomes en la boca.

Mari-Zarpa Desa suerte lo prometo.

Todos ¿Das esa palabra?

Mari-Zarpa Sí.

El Ñarro Pues afuera el embeleco.
¡Barahúnda! Ya está sana
Mari-Zarpa.

Mari-Zarpa ¿Cómo es esto?

(Sale el Vejete.)

Vejete Como yo, para quitarte
tan mala maña, lo he hecho.

Mari-Zarpa ¿No son visiones?

Todos No.

Mari-Zarpa Pues
a mis jácaras [...] vuelvo

(Bailan un baile o cantan algo.)

Personajes

Teresa
Un Capitán
Lucía
Un Galán
Inés
El Gracioso
Un Licenciado
Un Hombre
Un Vejete

La pedidora

(Salen Teresa y Lucía.)

Teresa

No me hables de intereses,
que es lugar muy común en entremeses;
y es cosa muy cansada ver, Teodora,
que te llame el lugar la Pedidora,
porque de noche y día
siempre pidiendo estás.

Lucía

Teresa mía,
el tiempo lo requiere;
porque el hombre que más dice que muere
hoy, contra nuestra fama,
quiere más su dinero que su dama
y así, al paso les salgo,
pidiendo mucho para que den algo.
El que a dar se resuelve,
eso me hallo; y el que no, no vuelve;
con que logro mi fin o el suyo ataja,
pues me quedo sin él o con la alhaja.

Teresa

No es mala la doctrina;
mas, con todo, imagina
que de pedir no es bien notada seas.

Lucía

Eso me importa poco, y porque veas
lo que vale, has de llevarte agora
de paso una lición. ¡Inés!

(Dentro.)

Inés

Señora.

Lucía — Traite el libro de caja.

(Sale Inés con un libro.)

Inés — Aqueste ha sido.

Lucía — Busca cuenta y razón de lo pedido.

Inés — Hojearle para eso es necesario.

(Hojea.)

Lucía — Ve a la P, pues tiene abecedario.

Inés — Pedido, fojas ciento; ya le he hallado.

Lucía — Pues las partidas lee de lo no dado
que están vivas, y sírvanos el vellas
de enseñar y [...] hacer memoria dellas,
porque la cobradora hacer intente
su diligencia.

Inés (Lee.) — «En cuatro del corriente
al escolar, que a lo discreto ama,
le fue pedido...»

Lucía — ¿Qué?

Inés — «Un jubón de lama.»

Lucía — ¿No hay margen?

Inés — Sí, imagino.

Lucía ¿Y cómo dice?

Inés Al hijo del vecino,
cuyo amor es tan fino,
que excede a todos, que es amante sumo,
cuatro piezas para el de puntas de humo;
ítem, en cinco al portugués finchado,
un justillo a su gusto sazonado;
dicho día al Doctor unas enaguas;
al Capitán en seis, se hizo demanda
de una pieza de Holanda,
y al Tratante, que se entra a caballero,
se le notificó diese un vaquero».

Lucía ¿Qué más?

Inés No hay más.

Teresa ¿Qué más haber podía?

Lucía Es que he dado en pedir con cortesía
de unos días acá.

Teresa Yo mucho temo
que viéndote vivir con tal extremo,
y habiendo ya caído en ello todos,
se han de vengar, buscando algunos modos
de dejarte corrida.

Lucía No temas que me pase eso en mi vida;
y has de ver antes de irte, es cosa cierta,
entrar el bien de Dios por esta puerta.

Teresa — Holgareme de ver lo que te pasa,
para hacer mis asientos yo.

(Dentro, un Licenciado [golpeando la puerta].)

Licenciado — ¡Ah de casa!

Lucía — ¿Llaman?

(Inés mira al paño.)

Inés — Sí.

Lucía — Quién es, mira.

Inés — El Licenciado.

Lucía — ¿Con pie llama? ¡Señal de estar cargado!
Siempre abre presto al que con pie llama.
Dicho y hecho: ¡jubón tengo de lama!

(Sale un Licenciado de sacristán.)

Licenciado — Dichosa fue la nube
que concibió el vapor, que del mar sube
donde el Sol la rubia
madeja hiriendo, desató la lluvia,
cuyo cristal vivificado deja
los romeros, que en flor libó la abeja,
de cuyo humor golosa
se fabricó la miel, que artificiosa
echó de sí la cera,
con que encerar pudiera
el zapatero el cabo, que no ingrato,

el ponleví cosió de tu zapato,
en cuya huella poca,
yo, indigno pecador, pongo la boca

Lucía — Déjese de retórica. Y agora
diga, ¿traime el jubón?

Licenciado — Sí, mi señora.

Lucía — Descubra, a ver...

Licenciado — Primero
un epigrama al caso decir quiero:
Vuestro papel recibí,
y viendo en vuestro papel
un jubón de lama, dél
al alma traslado di;
ella, que me estima a mí,
viendo cuánto mi alma os ama,
quiso volver por mi fama;
y así me dio su jubón,
con que pudo mi afición
traeros jubón del ama.

(Saca un jubón muy roto.)

Lucía — ¿Qué es esto? ¿Andrajo a mí? ¡De juicio salgo!

Teresa — Es pedir mucho para que den algo.

(Dentro, Vejete.)

Vejete — ¡Ah de casa!

Lucía No os vea
el que ahora viene.

Teresa Este aposento sea
el que os guarde.

Licenciado No habré sido
el primer sacristán que se ha escondido.

(Escóndese el sacristán y sale el Vejete con una frasquera.)

Vejete Enaguas que me enviaste
a pedir esta mañana;
mi amor dice, esta frasquera
que es quien más entiende de aguas.

Lucía Pues estoy de buen humor.

Vejete Bañaos en agua rosada.

(Saca un pomo.)

Lucía ¡Lindo es esto, por mi vida,
cuando estoy de ira y de rabia
hecha un volcán!

Vejete Aguardiente.

(Saca un frasco.)

Lucía ¡Pues es buena la templanza
que aplica un Dotor a quien
un fuego es!

Vejete
Agua de malvas.

(Saca un pomo.)

Lucía
Todo me sucede hoy mal.

Vejete
Agua de azar.

(Saca otro pomo.)

Lucía
¿No repara
que echo rayos por los ojos?

Vejete
Ya lo veo; y a esa causa
es esta agua luminosa.

(Saca otro pomo.)

Lucía
¿No le estremece ni espanta
mi cólera?

Vejete
Agua de guindas.

(Saca otro pomo.)

Lucía
¡Cuánto va que si me cansa
que hecha una fiera, a él y a todos
los botes por la ventana
echo?

Vejete
Agua de León Franco.

(Saca otro pomo.)

Lucía

No me obligue a que le haga
dar a entender que le hiede
la vida.

Vejete

Agua de ámbar.

(Saca otro pomo.)

[Lucía]

¡Ya me falta la paciencia!

(Vase.)

[Se oye un disparo.]

Inés

¡Jesús!

Teresa

¡El cielo me valga!

Lucía

Mira, Inesilla, qué ha sido
eso.

(Sale un Capitán muy apresurado con una pistola; que dispara antes de salir.)

Capitán

La pieza de Holanda,
que desde Absterdán la he hecho
traer para hacerte esta salva.

Lucía

¿Con qué estruendo se viene?

Capitán

Pues agora fue sin bala;
pero con ella otra vez
volará toda esta casa;
y porque lo veas, espera:
carga con bala y dispara.

(Da la pistola a otro soldado.)

Lucía — ¡No haga tal, señor soldado,
por Dios!

Capitán — Lo que se me encarga
a mí, nunca es para menos,
que no soy hombre de chanzas.
Dale fuego, y vuele todo.

(Todos dentro.)

Todos — ¡Au, au, guarda el toro, guarda!

Lucía — ¿Qué es esto?

(Ruido de toros dentro, y sale un Galán y el Gracioso a caballo, de vaquero.)

Galán — Como un vaquero
me pediste, bella ingrata,
por servirte envié por él
a la orilla de Jarama;
y así, vine a tu obediencia
con caballo y vara larga.

Gracioso — Yo soy, señora, un vaquero
de tanta opinión y fama,
que siempre se andan tras mí
toros, novillos y vacas;
y así, cuando vengo a veros
traigo tras mí mi vacada.
¿Dónde la hemos de encerrar?

Lucía

Hombre, ¿dónde has de encerrarla
preguntas? ¿Con eso vienes
a hacer mi casa algarrada?

Gracioso

A saber donde venía,
trajera toros de falda;
pero éstos son los más bravos
que en toda la orilla se hallan.

(Sale uno muy alborotado y encuentra con las mujeres.)

Hombre

¡Que se ha desmandado un toro,
y de los otros se aparta!

Capitán

¡Vive Dios, que entra hasta aquí!

Lucía

¡Quién ha visto tal desgracia!

Gracioso

¿Y quién en el mundo ha visto
correrse toros en sala?

Lucía

¡El diablo que espere más!

Capitán

No temáis, hermosas damas,
que a aqueste toro casero
le haré en mis brazos migajas.

(Sale un toro y pega con todos, y echa a rodar al Capitán y hácele a topetadas entrarse.)

¡Jesús, que me mata el toro!

Teresa

¡Amiga, el desván me valga!

Gracioso

Linda cosa es ser vaquero,
pues cuando a todos arrastra,
no quiere nada conmigo.
Mas ¡vive Dios! que se encara:
¡Toro, que soy el vaquero!

(Embiste con el Gracioso y échalo a rodar, y descubre una camisa muy sucia y muy llena de palominos.)

¡Que me mata, que me mata!
¡El diablo que se detenga
a pedir perdón de faltas!

Personajes

Don Gil
Otro Hombre
Un Herbolaria
Una Frutera
Una Entremetida
Músicos
Un Espadero
Una que vende prendas
Un Librero
Un Sacamanchas
Cuatro presos dentro

La plazuela de Santa Cruz

(Salen Don Gil y un Hombre.)

Hombre
¿A dónde vais tan de mañana?

Don Gil
Amigo,
voy hacia Santa Cruz.

Hombre
Dios me es testigo
que no he visto hombre que madrugue tanto.

Don Gil
Yo sí lo he visto.

Hombre
¿Vos? Mucho me espanto;
mas quién es ahora saber quiero.

Don Gil
¡Que no lo echéis de ver! Vos, majadero,
que si tanto no hubierais madrugado,
fuera imposible haberme aquí encontrado.

Hombre
Tenéis razón; mas ir allá ¿qué os mueve?

Don Gil
Tengo en la cárcel un negocio leve
sobre el averiguar cierto disgusto;
y más, que para mí no hay mayor gusto
que entre cuantos allí ponen sus tiendas
ver cada día cuatro mil contiendas.
Y pues hacia allá vais, no es conveniente
referiros el número de gente
que a todos causa regocijo y risa.

Hombre
Yo lo veré. Venid, que estoy de prisa.

(Vanse.)

(Dentro la Frutera.)

Frutera — Sácame aquesa tienda; ¿te haces ganga?
¡Servir y no servir! ¿Es mojiganga?

Uno — Aquí está ya, señora, no des voces.

(Dentro.)

Frutera — Calla, que te daré cuatro mil coces.

(Dentro todos.)

Prendera — Desátame esos líos.

Frutera — Pon el peso.

Herbolaria — Llega acá esa banasta. ¡Pierdo el seso!

Frutera — Ten ese garabito, impertinente.

Sacamanchas — Ya por las calles anda mucha gente.

(Salen todos con sus tiendas en mesas.)

Pues a vender, y sin hacer extremos,
para ver si hay quien compre, pregonemos.

(Cantando.)

Frutera — Por fea, y vender camuesas,
serpiente todos me llaman,

	y por ser propio de sierpes engañar con las manzanas.
Sacamanchas (Representando.)	Yo confieso que en mi oficio se encierra virtud muy rara, pues ya que no quita culpas por lo menos saca manchas.
Prendera (Representando.)	Yo salgo aquí a vender prendas, y hallo en eso mi ganancia, porque en llegando a venderse ya están todas rematadas.
Herbolaria (Cantando.)	[Herbolaria soy, señores], y todos de mí se cansan, por ver que soy de la hoja, y ando siempre por las ramas.
Espadero (Representando.)	A comprar espadas vengan, pues que son como las damas, que todas parecen bien en estando acicaladas.
Librero (Representando.)	Yo soy librero, señores, oficio de virtud rara, porque todos los libreros siempre se inclinan a estampas.
Sacamanchas	¡Vengan a sacar manchas!
Frutera (Pregonando.)	¡Ea, chiquillos, a ocho doy camuesas!
Librero	¡Cómprenme libros!

Prendera

¡Vayan viniendo todos
a comprar prendas!

Herbolaria

Mis raíces son muebles:
¿quién me los lleva?

(Sale la Entremetida, que es la graciosa, con una mantellina terciada.)

Entremetida

Con dos espadas tienen,
si hay quien las compre,
puños, vueltas y puntas,
y guarniciones.

(Canta.)

(Sale Don Gil.)

¡Vive Dios, que cuanto hubiere
hoy he de concertar!

Frutera

Calla,
que no es éste mala pieza.

Entremetida

¡Que no haya quien compre nada,
para entrar yo en el concierto
por un lado! ¡Cosa rara!
Amigas, no pienso que hoy
partiremos la ganancia.

Prendera

¿Qué busca usté?

Don Gil

Estas pistolas

(Tómalas y, en viéndolas, las deja.)

quiero ver.

Entremetida Son muy bizarras.

Don Gil ¿Cuánto valen?

Prendera Ocho escudos.

Entremetida Cierto que son bien baratas;
no se ha de ir vusté sin ellas.

Don Gil Sí haré tal.

Entremetida Ha de llevarlas.

Don Gil Yo no quiero.

Entremetida Yo sí quiero.

Don Gil Yo no, porque no es ganancia
estar yo sin un sustento
con dos bocas más en casa.

(Llega al puesto.)

Entremetida Pues férieme este brasero.

Don Gil Eso de muy buena gana.
Ve aquí vusté caja y bacia.

(Saca una cajuela de tabaco sin nada dentro y dásela.)

Entremetida (Aparte.) (El me pagará la maula
con seguirle.)

Prendera (Digo, amigas,

el ginovés no es muy rana.

Todas (Aparte.) No.

(Llega al puesto de la Frutera y echa frutas en el cesto.)

Don Gil
Deme de estas camuesas
cuatro libras, y estas malas
no las eche.

Frutera
Enhorabuena;
¿dónde han de ir?

Don Gil
En la capa.

Entremetida
Lo que es camuesas, mejores
no han de venir a la plaza.
Sin escrúpulos se pueden
llevar.

Don Gil
Mujer, ¿eres maza?
Ya no las quiero.

Entremetida
¿Por qué,
si comprándolas estaba?

Don Gil
Porque no había reparado
que era ésta fruta vedada.

Frutera
¡Vuelva otra vez a hacer burla!
¡Oye, seo golilla!

Entremetida
Calla.
No parece que he salido

hoy con tan buen pie de casa
como otras veces. Mas ya
con una herbolaria habla.

(Llega la Herbolaria.)

Don Gil ¿Tiene usté flor de tomillo?

Herbolaria Sí, señor.

Don Gil ¿Y flor de malva?

Herbolaria También.

Don Gil ¿Y flor de borrajas?

Herbolaria También.

Don Gil ¿Y flor de romero?

Herbolaria Sí, señor; ¿qué es lo que manda?

Don Gil Que, pues tiene tantas flores,
se junte con esta dama.

Herbolaria ¿Pues conmigo, que las vendo,
gasta el zamarrilla chanzas?

Frutera ¡A ocho! ¡A ocho camuesas!

(Pregonando.)

Librero ¡Que no haya vendido blanca!

Sacamanchas
Hacen falta los terceros.

Prendera
Los cuartos hacen más falta.

Entremetida (Aparte.)
(Yo tengo de perseguirle.)

Don Gil (Aparte.)
(Yo tengo de atormentarla.)
(Llega al Espadero.)
Una espadita de lomo
quisiera no muy cargada.

Espadero
¿Pide usted espada o carne?

Don Gil
¡Por Dios, que es hombre de chanzas!

Espadero
Vea aquí una harto famosa.

(Toma la espada y mírala.)

Don Gil
Sí, mas no está bien sacada.

Espadero
Mire usté, que es de las viejas.

Don Gil
La guarnición lo declara.

Espadero
¿En qué?

Don Gil
En ser propio de viejas,
el estar avellanadas.
Mas, ¿es vaina abierta, diga?

Espadero
No, ¿por qué lo preguntaba?

Don Gil
Porque si la traigo abierta,
se verá luego tomada.

Entremetida Cómprela, que no ha de hallar
otra tan buena y barata.

Don Gil Yo no quiero.

Entremetida Yo sí quiero.

Don Gil ¿Hay mujer más porfiada?

Entremetida Pues ¿por qué se ha de ir sin ella?

Don Gil Porque no quiero comprarla.

Entremetida Pues ¿por qué?

Don Gil Porque se queda
y yo me voy. Camarada,

(Deja la espada y vase al puesto del Sacamanchas.)

óyeme.

Sacamanchas ¿Qué es lo que dice?

Don Gil ¿Quiere sacarme una mancha?

Sacamanchas ¿Adónde está?

(Mírale de alto abajo.)

Don Gil ¿No la ve?

Sacamanchas Yo no la veo en la capa

ni en la ropilla.

Don Gil — Teneos,
que no es ésa; ¡ay cosa rara!

Sacamanchas — ¿Pues cuál?

Don Gil — La desta mujer,
que me ha vendido hasta el alma.

Sacamanchas — Esa, aunque usté eche la hiel,
no quedará bien sacada.

Entremetida — Pues ¿cómo me trata así,
diga, señor limpiacapas?

Sacamanchas — Si yo de limpiarlas vivo,
otros comen de cortarlas.

Prendera — ¡Gran gusto es ver a los dos!
En seguirle está empeñada.

(Llega al puesto del Librero.)

Don Gil — ¿Tendrá usted un libro bueno?

Librero — Sí: ¿de qué ha de ser?

Don Gil — De chanzas.

Librero — Ahí hay infinitos cuerpos
de papel.

(Tómalos y vuélveselos a dejar.)

Don Gil — No valdrán nada.
Porque cuerpos de papel
tendrán de trapo las almas.

(Vanse las mujeres y todos los oficios, y debajo del tablado, como presos, dos hombres en cada ventana con sombrerillos en cañas piden limosna, quedando en el tablado Don Gil y la Entremetida.)

Todos — Den todos a aquestos pobres
encarcelados.

Entremetida — ¡Santa Ana!
¿De dónde salió esta voz?

Don Gil — Pues ya que en todo se halla,
vaya en aquel sombrerillo
a meter gorra.

Entremetida — ¿Yo? ¡Guarda!
¿No ve que éstos son ladrones?

Don Gil — ¿En qué lo ha visto?

Entremetida — En las cañas
de pescar.

Preso I — A estos pobres
encarcelados, ¿qué paras?

Preso II — Den todo el mundo limosna.
Dos cuartos; alza la taba.

Preso III — A cuarto, y cuarto, y terceras.

Preso IV — Duélales nuestra desgracia.

Preso III — Una, dos, tres; aquí llamo.

Preso IV — Cuatro, cinco; anda, que encaja.
Den limosna a aquestos pobres.
Seis, siete, ocho.

Preso I — ¡Mal haya
la pinta! Dennos limosna.

Preso II — Voila, porque está rascada
esa taba, y yo no pago.

Preso III — A cuarto, y cuarto.

Preso IV — Baraja,
que es encuentro. A tres, y tres,
y lo que cayere en cuarta.

Entremetida — Jugando están el dinero;
¿quién vio cosa más extraña?

(Sale el Hombre.)

Hombre — Pues don Gil, ¿cómo tan solo?
Viendo lo poco que falta
para las Carnestolendas,
¿no prevenís mojigangas?

Don Gil — A eso vine a la Corte.

Entremetida — Pues porque a su tierra vaya

con alguna cosa nueva
le cantaré una tonada
al son deste panderillo.

Don Gil (Salen todos.)
Si es nueva será bizarra
para mi lugar.

Entremetida
Escuche,
porque va de arenga,

Frutera
Vaya,
que todas ayudaremos
a bailar lo que tú cantas.

Entremetida
Una tonada nueva,
niña, te traigo,
corriendo, volando por el aire.
¡Ay, que si caigo con ella,
la descalabro,
corriendo, volandito, volando!
(Representando.) Dale, dale, que dale, que dale,
que si el aire lo quiso,
[...] páguelo el aire,
corriendo, volando por el aire.
Si estas chanzas os gustan,
que vaya el baile:
corriendo, volando por el aire.
Vaya, vaya, que vaya, que venga.
Repicad bien, muchachas, las castañetas.
Corriendo, volando, etc.

Personajes

Doña Bárbula
Luisa, moza de taberna
Doña Aldonza
Alguacil
Doña Hermenegilda
Un Criado
Un Saludador
Un Sastre
Casilda
Un Francés
Una Dueña
Un Negro
Un Escudero
Músicos

La rabia

Doña Bárbula — ¡Casildilla! ¡Muchacha! Abre esta puerta,
presto.

Casilda — ¿Qué traes?

(Sale Doña Bárbula, vestida de dama y Casilda, de fregona.)

Doña Bárbula — No es nada, vengo muerta,
de un braco (¡Ay Dios, que he de rabiar!) mordida,
para todos los días de mi vida.
¡Confesión, testamento, unción, entierro!

Casilda — Sosiega, que quizá rabias por yerro.
¿Qué ha sido pues?

Doña Bárbula — Fui a visitar, Casilda,
(ya lo sabes) a doña Hermenegilda.
Es inclinada a perros, de manera...

Casilda — ¿Qué amiga tuya no es una perrera?

Doña Bárbula — Que tenía en su casa ¡Ay que me aflijo!
más que suelen ladrar en un cortijo.
Pues apenas llamé, cuando al abrilla,
a la puerta salieron en cuadrilla
un gozque, un perro de agua, un perdiguero,
un lanudillo, un chino y un faldero;
un mastín, un lebrel, un galgo, un dogo,
un sabueso, un ventor... (¡Ay que me ahogo!),
y entre ellos un ladrón de un perro braco.

Casilda — No hay braco que no sea [...] gran bellaco.

Doña Bárbula

Éste, sin más ni más, a mí acomete:
voyle a dar un cachete,
vuelve, por no le haber, como un alano,
y quiéreme morder en esta mano,
siendo así que esto es lo que me agravia,
que diz que el susodicho braco rabia
siempre que se le antoja,
y habrásele antojado (¡[...] qué congoja!)
según toda la mano tengo hinchada
como una bota ya...

Casilda

Yo no veo nada,
si no es que para el mal que te alborota,
pez con pez estuviese la tal bota.

Doña Bárbula

¿Cómo no? Haré una apuesta:
qué pesa más diez libras ésta que ésta.
¡Ay de mí! Ve volando como un trueno,
antes que al corazón corra el veneno,
por un saludador que me salude.

Casilda

Yo la taberna sé donde uno acude.

Doña Bárbula

¿Qué esperas Casildilla?

Casilda

No hago más que ponerme la mantilla.

(Pónese la mantilla.)

Doña Bárbula

Dile que ya la mano se me abrasa.
Si no está allí (que sí estará), la casa
(¡Ay de mí!) deja dicho al tabernero,
Y porque no la yerre (¡ay que me muero!)

ya que, recién venida,
no soy en este barrio conocida,
dale por señas desta la de enfrente,
que vive doña Aldonza Equivalente,
nuestra vecina bella;
que ella dirá de mí, puesto que de ella
más conocida es.

Casilda — Iré corriendo.

Doña Bárbula — Pues mira, aunque me ves quedar muriendo,
porque no te detengas,
(Vase.) que no me he de morir hasta que vengas.

Casilda — Hará muy bien que cosa que desdora
morirse sin criada una señora.
(Calle.) ¡Pobre de mí, que quedo
huérfana de ama!, con el justo miedo,
si ella una vez se afufa,
de que no he de hallar otra que me sufra.
Y así me toca hacer por conveniencia
la tal saludadora diligencia.
¿Qué virtud ésta es, si considero
que nunca Dios la ha dado a caballero?
Mas ésta es la taberna... y no le encuentro
¿si se habrá muerto fuera de su centro?
Dicho lo dejaré a mi amiga Luisa,
que es la que mide, por volver aprisa
a mi ama: no quiera
Dios que por [...] esperarme, no se muera,
¡Luisa mía!

(Sale Luisa, vestida de medidora.)

Luisa
¡Casilda de mis ojos!
¿Qué traes?

Casilda
Traigo tantísimos de enojos.
Mi ama queda rabiando.

Luisa
¿Qué ama no queda así?

Casilda
Vine buscando
porque a curarla acuda...

Luisa
¿A quién?

Casilda
A maese Andrés, el que saluda.

Luisa
Ahora se fue de aquí...

Casilda
Desdicha es mía.

Luisa
Mas dijo que al instante volvería.

Casilda
Pues dile, porque yo no haga allá falta,
que hacia la Cava Alta
vaya, y frente por frente
de en cas de doña Aldonza Equivalente,
por mí pregunte.

Luisa
Harelo
como tú lo verás.

Casilda
(Vase.)
Guárdete el cielo.
No se olviden las señas que te he dado.

Luisa
No se me olvidarán, pierde el cuidado;

que ya sé que ha de ir, frente por frente,
en cas de doña Aldonza Equivalente.

(Vase. Sale Doña Aldonza y Doña Hermenegilda en el gabinete.)

Doña Aldonza — ¿Era hora que supiese
esta ventura [...] mi casa?

Doña Hermenegilda — La ventura, Aldonza, es mía.

Doña Aldonza — ¡Beltrán!

Dueña — Señora, ¿qué mandas?

Doña Aldonza — Que le quite el manto a doña
Hermenegilda Casaca,
que ya que ha sido mi dicha
tal, que a aquestas horas haya
venido, no ha del volverse
sin que penitencia haga.

Dueña (Aparte.) — (Y bien será penitencia.
Mira de lo que te encargas,
que aún encendida no hay lumbre
en casa a estas horas.)

Doña Aldonza — Calla,
que ella se irá, y yo he cumplido.

Doña Hermenegilda — Fuerza es que fineza tanta
admita; que el venir hoy
a verte tan de mañana
es que vengo a retraerme,
como a sagrado, a tu casa...

Doña Aldonza (¡Buena hacienda habemos hecho!)

Doña Hermenegilda Porque estoy tan acosada
de deudas, que hasta que venga
una letra de Vizcaya,
parar no puedo en la mía.

Doña Aldonza (El envite quiso.)

Dueña Calla,
que ella se irá, y tú has cumplido.

Doña Aldonza ¡Muy buena estoy para gracias!)
Tú seas muy bien venida...
¡María!

Escudero ¿Qué es lo que mandas?

Doña Hermenegilda ¿Sabes lo que he reparado?

Doña Aldonza ¿Qué, amiga?

Doña Hermenegilda Que Beltrán llamas
a la criada, y María
al escudero.

Doña Aldonza ¿Eso extrañas?
¿No es autoridad que demos
las señoras de mi casta
a los criados los nombres?
Los sobrenombres les bastan.
Llámase doña Teresa
Beltrán aquella criada,

y ese escudero don Lesmes
María: con que te hallas
ya respondida.

Doña Hermenegilda — Está bien.

Doña Aldonza — Beltrán...

Dueña — Señora...

Doña Aldonza — ¿Qué aguarda
que no la quita el manto?

Dueña — Sí.

Doña Aldonza — María...

Escudero — Señora...

Doña Aldonza — Vaya
a ver si por dicha hay
algo de fresco en la plaza
que añadir a lo ordinario.

Escudero — Fresco, señora, no falta,
que arriera esta primavera
no hay día que no le traiga.
(Aparte.) (Lo que falta no es el fresco
sino el refresco. No hay blanca.)

Doña Aldonza — Si la hubiese, majadero,
¿qué hiciérades vos? La gracia
de servir y merecer
es, no habiéndola, buscarla.

Empeñad algo.

Dueña (Aparte.) (¡María!

Escudero ¿Qué dice, Beltrán?

Dueña Que traiga
desde el carbón a la especie
porque no hay un sus en casa.

Escudero Si traeré como me dé
que empeñar alguna alhaja.

Dueña Tome: empeñe aqueste manto.

Escudero Con que a la tal convidada
de su brazo sus narices
(Vase.) me parece que la sacan.)

Doña Hermenegilda ¿Hay pena como deber,
Aldonza?

Doña Aldonza Yo, al cielo gracias,
nada a estas horas, amiga,
(A la Dueña.) debo. Mira allí quién llama.

(Llaman y sale un Alguacil.)

Alguacil La señora doña Aldonza
Equivalente, ¿está en casa?

Dueña En casa está.

Alguacil Con licencia

de usté.

Doña Aldonza — ¿Qué es esto? ¡Con vara
hasta el gabinete!

Alguacil — Es fuerza,
que ahí fuera la parte aguarda.

Doña Aldonza — ¿Qué parte?

Alguacil — El casero, que
a usté ejecutar me encarga
por dos años de alquileres.

Doña Aldonza — Agradezca que se halla
el secretario, mi primo,
a estas horas en Caracas;
que si él estuviera aquí...
Mas yo haré que por él vaya
un correo a toda prisa.
Espere y verá.

(Sale Uno con unos papeles.)

Uno — ¡Ah de casa!

Dueña — ¿Quién es?

Uno — Mi amo el mercader
envía aquesta libranza,
y si no se paga hoy,
se ejecutará mañana.

Doña Aldonza — ¡A una mujer, adiós vida,

heredera en la montaña
de una casa solariega,
tal recado!

Sastre

¿A cuándo aguarda
a pagarme las hechuras
usté de aquellas enaguas,
y cotilla y guardapié
que le hice?

(Sale un Francés con encaje.)

Doña Aldonza

¡Ay desdichada!
¿qué es lo que hoy me sucede?

Francés

Mal empieza esta semana.
Los encajes y las puntas
me vuelva si no me paga.

Doña Aldonza

Picarón ¿no veis un bando
que ordena que no se traigan?
¡Idos de aquí, que si no...!

Negro

Siola, aquellas tres cajas
de chocolate me pague
[...], pues que se las di hasta
a doce reales, tiniendo
tanta parte de Guajaca.

Doña Aldonza

¿Habrá pasado en el mundo
a otra lo que a mí me pasa?

Doña Hermenegilda

¡Dichosa tú que no debes,
amiga, a estas horas nada!

(Sale el Escudero con una esportilla.)

Escudero
Bien puede vuesamerced
regalar la convidada
que ya sobre el manto dieron
todas estas zarandajas.

Doña Aldonza
¿Qué manto, infame?

Alguacil
Señora,
esto va muy a la larga.
Nombre usté bienes en que
quede, o raíces o alhajas,
trabada la ejecución.

Doña Aldonza
Trabada tengas el alma.

Uno
Sea también por mi amo
en virtud de esta libranza.

Sastre
Primero son mis hechuras.

Negro
Primero son mis guajacas.

Doña Aldonza
Primero es que el diablo a todos
lleve.

Saludador
Dios sea en esta casa.
Doña Aldonza Equivalente
¿vive aquí?

Todos
Sí.

Saludador
Pues Deo gratias.
Perdonen vuesas mercedes
no venir antes; que estaba
saludando unos borregos.

Doña Aldonza
Aquesto solo me falta.
(Aparte.)
(¿Si debo al saludador
algo también?) ¿Quién le manda
preguntar por mí, ni entrar
estas puertas?

Saludador
Ya quien rabia
se conoce. ¡Luego a mí
el semblante me engañara!
«Santa Quiteria bendita
(Salúdala.)
te favorezca y te valga.»

Doña Aldonza
Hombre, ¿quieres que te quite
dos mil vidas?

Saludador
La más clara
señal [...] que aquesta, señores,
(«Dios sea aquí») es del mal tocada,
es enfurecerse al verme,
temiendo la gratis data
que Dios me dio.

Doña Aldonza
¿Cuánto va
que te quito dos mil almas?

Doña Hermenegilda
Yo no tengo corazón,
para ver estas desgracias.
Deme mi manto, Beltrán.

Dueña
Le puse aquí... y de aquí falta:
con tantos como han entrado...

Doña Hermenegilda
¡Ay, mi manto!

Doña Aldonza
Ya otra rabia
más que yo: acudan allá.

Saludador
Todo se andará si pasa
adelante el mal. Tenella,
si tengo de santigualla,
que ya ven el homecillo
con que de verme se espanta

Alguacil
Nunca yo, a saber que usté
tenía enfermedad tan rara,
viniera a esta diligencia;
pero ya que aquí se halla
mi piedad, acudiré
a la cura... Y todos hagan
(Asiéndola.) lo mismo que yo.

Doña Hermenegilda
¡Ay, mi manto!

Doña Aldonza
¿Qué han de hacer?

Todos
Asegurarla.

Doña Aldonza
Por el hábito bendito
de un tío que tuve en Malta,
que a todos haga pedazos.

Todos
Llegue usté.

Saludador — No se les vaya.
¡Santa Quiteria bendita,
te favorezca y te valga!»

Doña Aldonza — Hombre, mira que me rucias,
y no con azahar ni ámbar.

Saludador — No se queje, que el mostillo
no es malo para la cara.
«Por la insignia singular
que a favor del paladar
el cielo me quiso dar.
A la orilla de aquel cedro
por donde iba San Iuan con Dominus Deo,
te conjuro, mal de la peste,
aunque me cueste lo que me cueste,
que no me penetres ese corazón
sino que al son,
te vayas huyendo de mi rentintín,
dilín, dilín,
dilón, dilón,
pues que tocan en San Antón.»

Doña Aldonza — Soltad... Dejad que pedazos
aqueste embustero haga.

(Suéltase y embiste con él.)

Saludador — ¡Bravo efecto voy haciendo!
¡Mírenla como descansa!

Doña Hermenegilda — ¡Ay, mi manto!

(Salen Doña Bárbula y Casilda.)

Casilda
Entra.

Doña Bárbula
No sé
que sea acción cortesana
ni buena vecindad, seora
doña Aldonza, que yo haya
llamado al Saludador,
y usté le tenga en su casa,
siendo yo quien necesita
dél.

Casilda
Pues ¡es muy linda gracia
ir yo por él, para estarse
con tanta flema!

Doña Bárbula
¿Qué aguarda?
Venga a saludarme a mí,
que soy quien esta mañana
el perro quiso morder.

Saludador
Déjeme, que eso no es nada
y estotro importa; que usté
no sabe lo que se rabia.

Doña Bárbula
Yo puedo aquí y en cualquiera
parte, rabiar con mi cara
descubierta.

Todos
Ténganse.

Doña Hermenegilda
Señores, esto no se haga
bulla, y mi manto parezca.

Doña Bárbula — Ingrata amiga, ¡aquí estabas!
¡Quieren morderme tus perros
a mí, y es otra a quien tratas
traer saludador!

Doña Hermenegilda — No sé
más que todo es gente honrada
y mi manto no parece.

Músicos — ¿Qué ruido es el que aquí anda?

Alguacil — Pues el vecino barbero,
sin que deje su guitarra
lo pregunta, vuesarcedes,
vuelta la cólera en chanza
se lo respondan cantando.

Doña Bárbula — Pues ya que queda trocada
la ejecución en festejo,
vaya de música.

Todos — Vaya.

Doña Aldonza — Yo, señor Saludador,
rabio de ver que en mi casa,
no siendo yo negra en ella,
ella amanezca sin blanca.

Saludador — ¡Ay qué bien rabia!

Músicos — ¡Mas, ay qué bien rabia!

Alguacil — Yo rabio el que no hay efectos
para mí, porque no hay causas.

Doña Hermenegilda
Yo de que sea a mi costa
cualquiera que me regala.

Casilda
Yo rabio de que a cualquiera
cosita rabia mi ama.

Uno
Yo de que mi amo tenga
sus caudales en libranzas.

Saludador
¡Ay qué bien rabia!

Músicos
¡Mas, ay qué bien rabia!

Luisa
Yo rabio que mi taberna
esté en tierra y viva en agua.

Sastre
Yo que pierdo las hechuras,
habiendo vendido plata.

Saludador
¡Ay qué bien rabia!
Músicos
¡Mas, ay qué bien rabia!

Negro
Yo que, aunque venga la flota,
lo mismo el cacao se valga.

Escudero
Yo rabio ser escudero,
sin que nunca escudo traiga.

Saludador
¡Oh, qué bien rabia!

Músicos
¡Más oh qué bien rabia!

Personajes

Mozo de mulas
Cuatro hombres
Juana

El reloj y genios de la venta

(Sale Pedro, mozo de mulas, muy guapo.)

Pedro

Mete esas mulas Diaguillo,
mientras que yo busco a Juana
que es la flor de la canela,
pero ella sin duda canta.

(Dentro Juana, cantando.)

Juana

En llamando a la Venta
responde el gato,
y en diciendo ¡zape!
se va mi amo.

Pedro

Muy canora está Juanilla,
yo también quiero ayudalla.

(Cantando.)

Al revés del diluvio
la venta es, Juana,
porque en ella los cuervos
vuelven al arca.

(Sale Juana, cantando.)

Juana

El vinagre y el vino
se han concertado,
y el primero que llega
se entra en el jarro.

Pedro

¡Ah, señora Juana!, ucé
se deje ver esa cara,
que hay gente honrada en la venta.

Juana

Mucho más acá hay posada.

Pedro Yo soy honrado y rehonrado.

Juana Tu alma, Perico, sea honrada.
delante de Dios, y vamos
a lo de más importancia.
¿Acomodaste las bestias?

Pedro Cierto que eres mentecata,
¿Pues tú dónde has visto bestias
que no estén acomodadas?
Mas dejando esto, sepamos:
¿qué hay que cenar?

Juana Nunca falta.

Pedro ¿Y qué tenemos? Que aquí
no es segura la vianda,
y debajo de otros nombres
andan las cosas trocadas,
y le llaman palomino
al que antes fue Mosén Graja.

Juana Pues porque sepas, Perico,
que eso es verdad apurada,
te diré puntualmente
lo que en la venta se gasta.
Aquí, Perico, el conejo
en los tejados se caza,
y puesto en el asador
a los ratones espanta.
Si se muere algún rocín
en toda aquesta comarca,
como él muera abintestato,

llega el ventero, y lo embarga.
El pan es membrillo cocho,
hijo de negro y mulata,
el agua es muy detenida
y la sal muy arrojada.
Los manteles son de jaspe,
todos de colores varias.
Las camas son de Chinchón,
y la ropa de la Mancha.
Las aceitunillas son
de San Crispín abogadas.
La vianda es de Rodrigo
y el vino no es de la Cava.
Y, finalmente, Perico,
el ventero que lo traza,
es de Lovaina su cuerpo
y es del infierno su alma.

Pedro

Aqueso, Juana, se entiende
con los pobretes que pasan,
mas con mozos de camino
que son hombres de importancia,
cada cosa es lo que pinta.

Juana

¿Quién lo duda, camarada?
Y tú, ¿qué gente has traído?

Pedro

Traigo figuras extrañas.
Y mientras que se adereza,
por reírte, has de escucharlas:
uno hay con hipocondria,
y otro hay que siempre habla
de su lugar, y en su tierra
cuanto hay en el mundo, pasa.

Y otro preciado de hacer
vestidos, y que los traza
y los guisa de buen gusto,
y de aquesto solo trata.
Otro hay que trae reloj,
y cada instante lo saca,
y que venga o que no venga
la hora que es nos encaja.
Pero ahora los verás,
y salgan fuera, salgan
para que tú los registres
y vaya de gusto.

Juana — Vaya.

Pedro — ¡Ah, señores de la tropa!
Mientras la cena se trata,
todo el mundo salga fuera.

(Salen cuatro: el hipocóndrico, el preciado de vestidos, el del reloj y el que habla de su lugar.)

Hipocóndrico — Como ello no haya guitarra,
ni música, ni alegría,
porque eso a mí mal me mata,
parlemos en hora buena.

Juana — Todos sentándose vayan.

Pedro (Siéntanse.) — Ello no hay camas, tiéndanse a lo ancho
y aquí, en el duro suelo, hagamos rancho.

Juana — Yo aquí, junto a Perico, me recuesto.

El del reloj — ¡Que un hombre con reloj ande en aquesto!

El de los vestidos — Bien hice en no traer a estos desmanes
el vestidillo de los tulipanes.

Juana — Perdónenme, por Dios, que yo quisiera
traerle a cada uno si pudiera
una cama de tela aquí volando.

El de su lugar — Para camas de tela, Villalpando.

Pedro — Ya no puede la noche malograrse,
oye, que han comenzado a calentarse.

Hipocóndrico — ¿Saben ustedes que he notado hoy día
que no se estima ya la hipocondría?

Juana — ¡Oh, es dada solamente al entendido!

El de los vestidos — De hipocondría tengo yo un vestido.

Hipocóndrico — Este es un triste mal y es barbarismo
decir aqueso.

El de los vestidos — Pues por eso mismo,
que es una tela de un color muy triste,
que vella solo da melancolía,
y por eso se llama hipocondría.

Pedro — No se porfíe y vamos a otra cosa.
Cierto que hace una noche muy famosa
y las siete cabrillas
muy bien puede la vista distinguillas.

Juana ¿Siete son?

Pedro Siete son.

Juana Yo imaginaba
que eran seis.

Pedro Siete son ¿no es cosa brava?

(El del reloj lo saca y pónese a mirar.)

El del reloj Esa porfía presto se remedia,
si, serán en verdad, y aún siete y media.

Pedro ¿Siete y media? ¡Jesús! ¿Qué está diciendo?
¿Quién oyó desatino tan horrendo?
¿En el reloj cabrillas? ¿Es esfera?

El del reloj Juzgué que se dudaba qué hora era,
y quise vello, porque no es más cierto
el Sol que este reloj que estáis mirando.

El de su lugar Para eso de relojes, Villalpando.

Pedro Ya escampa. Este es más fuerte disparate:
de reír me duele ya el gaznate.

Hipocóndrico ¡Que haya en el mundo nadie que se ría!
No es para todos, no, la hipocondría.

Pedro Y usted, hidalgo, ¿no se ríe de ello?

Hipocóndrico ¿Aqueso un hombre honrado ha de decirme?
¡Pobre de mí! Pues ¿puedo yo reírme?

¿Quiere que eche a perder, si me entretengo
veinte años de hipocóndrico que tengo?
¡Que cuanto Dios me dio desperdiciara
porque un hijuelo mío se inclinara
a ésta mi enfermedad lóbrega y negra!
Pero es un picarillo que se alegra.

Pedro
Pues ¿es contra estatuto el alegrarse
o es pecado mortal que usted se ría?

Hipocóndrico
No es para todos, no, la hipocondría.

Juana
Vea uced bailes, vea mojigangas,
perderá ese color verde y cetrino.

El de los vestidos
Agora que uced habla de colores,
no estuvieran muy malas unas mangas,
así de un colorcillo alcaparrino
y que el aforro fuera pepinino.

Juana
¿Pepinino decís? No hay quien lo entienda.

Pedro
No se haga, por Dios, todo contienda,
sino recemos mucho aquesta noche
porque mañana no se vuelque el coche,
que a la bajada de esta cuestecilla,
viniendo el otro día de Sevilla,
torcí el coche, y milagro fue patente
no despeñarme yo y toda la gente.

Juana
El Ángel de la Guarda anda en aqueso
y a todas horas nos está velando.

El de su lugar
Para Ángeles de Guarda, Villalpando.

Juana (Aparte.)
No he tenido jamás noche tan buena.
Mientras se acaba de guisar la cena,
va de aqueso, por Dios, que es gusto oíllo.

El de los vestidos
Pues yo, guisando estoy un vestidillo
y de este modo. Veamos si os agrada:
aquí un golpe y aquí una cuchillada,
y aquí otro golpe.

(Hace una demostración en la cara de Perico.)

Pedro
¡Pese al muy figura!

El de los vestidos
Estese quedo; y luego, prensadura.

Pedro
¡Tome el bergante!

Juana
Aquesto paró en voces.

Pedro
Guarnezca el vestidillo destas coces.

(Dale.)

Juana
Detente, Pedro.

Pedro
Aquesto más me emperra.

El de su lugar
Dale, que le da al uso de mi tierra.

Pedro
Pues ¿con mi cara hacéis demostraciones?

El de los vestidos
¡Ay si se me han quebrado los brahones!

Juana — No tenéis que cuidar, no se quebraron.

El del reloj — (Mirando el reloj.)
En punto de las ocho os patearon.

El de los vestidos — Eso me irrita más, que no las coces.

Juana — Tener, y parar a dar fin a estas voces.
(Canta.) — Mozas que en la venta estáis.

Todas — ¿Qué mandáis?

Pedro (Canta.) — Mozos que bailar sabéis.

Todos — ¿Qué queréis

Pedro — Que cantando, tañendo y bailando,
figuras tan grandes aquí celebréis.

Juana — El reloj del cochero,
señor hidalgo,
con el pie señala
no con la mano.

Otra mujer — Diga de Villalpando
cosas mayores.

El de su lugar — En verdad que imagino
que es voto en Cortes.

Todos — En verdad que imagino
que es voto en Cortes.

Personajes

Sacristán
Francisca
Mari López
Brígida
Josefa
[Borja]
[Músicos]

El sacristán mujer

(Sale el Sacristán tras Brígida, Dama.)

Brígida

Sacristán estantigua, ¿qué me quieres?
Coco de las mujeres,
fosero de los más amigos,
tarasca universal de los bodigos,
tumba de honras, apura vinajeras,
responde, ¿qué me quieres?

Sacristán

Que me quieras.
Brígida, albarda mía, pues me matas,
pon en aquestos labios tus dos patas,
que serán olorosos ramilletes
si los tienes acaso con juanetes.
que rabio per besallos,
por ver si las deidades tienen callos.
Y pues de enmaridar te da modorra,
maridito me fecit, mi cachorra.

Brígida

El que por verme moza, bella y rica,
para ser su esposica
quiera echarme la garra,
ha de tañer en arpa y en guitarra,
danzar, zapatear, cantar un tono,
ser poeta in utroque y dar un como.

Sacristán

Vaya a Alcorcón y se le harán de barro.

Brígida

Respondéis a propósito, Don Jarro

Francisca (Dentro.)

¡Ah de casa, abran aquí!

Borja (Dentro.) ¡Ah de casa, ábranos presto!

Josefa ¡Ábranos ya! ¿Qué se tarda?

Todos ¡Ábranos, ábranos luego!

Brígida ¿Qué es esto?

Sacristán Algunos mocitos
que quieren después de abiertos
pretender plaza de seises
en la iglesia de Toledo.

Brígida ¿Quién llama?

Francisca Tres pretendientes
de tu alegre casamiento.

Borja Tres dignos opositores.

Josefa Y tres valientes sujetos,
que soy el mismo Jusquín
en la música.

Borja Y yo Orfeo
en el arpa.

Francisca Y yo en el aire
bailo, brinco y zapateo.

Sacristán Pues según eso yo soy
el mismo Apolo en los versos:
cásaste con todos cuatro.

Brígida
Oye, señor mascafrenos,
quien me hubiere de llevar
ha de tener por sí mesmo
todas esas gracias juntas
sin ayuda.

(Aparece entre ellos Mari López, vestida de Sacristán.)

Mari López
Ese sum ego,
ego sum, Brígida mía,
ego sum, dulcis requiebrum,
generalis Licenciatus
in dancis, in zapateus,
in arporuni que ticatum,
in canticis et in versus.
Date mihi, michi manum blanca.

Sacristán
Sacristanum, quedum, quedum,
totis faciamus alardum
de graciarum.

Mari López
Sum contentus.

Sacristán
¿Quién me llevará ventaja?

Mari López.
Ego cum bonete meo.

Sacristán
Sois un sucio.

Mari López
Tu mentitis.

(Tíranse los bonetes.)

Josefa
¡Ténganse digo! ¿Qué es esto?

Francisca
Con el mentís le agravió.

Sacristán
No ha estado el agravio en eso,
el mentís es papasal.

Josefa
Pues ¿en qué ha estado?

Sacristán
En el meo.

Brígida
Déjense deso, y ahora
den muestras de sus ingenios.
Vusted haga un villancico
a San Cristóbal.

Mari López
Lo acepto.

Brígida
Y a San Francisco vusted.

Sacristán
Oigan un romance vuelto
de Apacible Basilisco.

Mari López
Venenoso es el concepto.

Sacristán
Apacible Basilisco,
mátame siempre mirando
y si no puede ser siempre,
mátame de cuando en cuando,
que si orando
el Demonio te tentó,
¿qué culpa te tengo yo?
Échale la culpa a él
que ligero se desagua
según vuelan por el agua

tres galeotas de Argel,

Todos
Linda cosa.

Mari López
Mala cosa.
Suelto el mío, estenme atentos:
Cristóbal Santo, una duda
me tiene con grande asombro,
viéndoos con el Mundo al hombro
en pensarlo un hombre duda.
Aquesta mi duda es:
decid, santo tremebundo,
si traéis al hombro el Mundo
¿a dónde ponéis los pies?
¿Cómo el río pasaréis?
Y responde Cristóbal
con gran donaire,
la calcita caída,
la pierna al aire.

Todos
Vítor, vítor.

Sacristán
Cola, cola.

Mari López
Tú eres cola y colaverunt,
la colada y la colambre.

Sacristán
Chispa con bragas, callemos.

Josefa (Representa como ciego.)
Oigan de arte mayor
otra que hice yo a lo mesmo:
el Santo Cristóbal estaba a la puerta
de la ribera del mar caudaloso,
para pasar cierto niño gracioso,

con su bastón y capilla cubierta...
(Toca María la bocina.) No hay aquí ningún indio,
que yo soy cristiano viejo.

Mari López
Lo viejo veo no más,
vaya vusted prosiguiendo.

Josefa
Era la hora...

Mari López
De tercia llegada.

Josefa
Esa es oración de ciego.

Mari López
Quien solo niega...

Josefa
¡Por Cristo
que te ponga!...

Mari López
En un madero.

Brígida
Hagan sus habilidades,
y atajen tantos rodeos.

Borja
Envídole con mi arpa
un tanto.

Mari López
Quiero, y mi resto.

Borja
Si los sones que hacéis en el arpa
queréis que se luzcan haciendo labor,
procurad con las manos tocarlos
(Toca el arpa.) escarapelados, pues son en arpón.

Mari López
¿Quién este donaire,

galán, inventó?
Aunque otros lo hacen,
quizá me era yo.

Francisca
Bullendo me están los pies
con el son, Brindis, mancebo.

Mari López
(Zapatean los dos.)
¿Quién no ha de hacer la razón
en bebiendo el compañero?

Todos
Vítor el Dómine, vítor.

Sacristán
¿Hay tal desgobernamiento?
Lagartija almidonada,
¿agora sales con eso?
¿No digo yo que es demonio?

Brígida
Tomen vustedes sujetos,
vusted los ojos, vusted
la nariz, el compañero
la boca, vusted las manos,
vusted todos cuatro intentos,
y todos cinco me llenen
esta cabeza de versos
y plegue a Dios que me harten.

Borja
A Dios, y aventura empiezo,
ojos...

Mari López
Ojos que sin ser aojados
aclaran a ojos cerrados
el ojeo de un desdén,
aquestos ojos me den
en todos mis jabonados.

Francisca Nariz...

Mari López
Nariz de blanco perfil
que haces afrenta al marfil,
hoy en tu limpieza toco
que eres exenta de moco
como moco de candil.

Josefa Boca...

Mari López
Boca que en verte me arrobo,
¿cómo al discreto y al bobo
clara te permites ver,
si en queriéndote coger
te vuelves boca de lobo?

Sacristán Manos...

Mari López
Manos, mal despacho espero,
pues en lo blanco y grosero
sois con un trato infiel,
para unos de papel
para otros de mortero.

Sacristán
No nos deja resollar,
¡vive Cristo que le temo!

Mari López
Esto ha sido por vustedes
que agora va mi soneto:
Boca más sazonada que el arroz
y más recta que un juez, blanca nariz,
manos más blancas que la regaliz,
y ojos más segadores que una hoz,

manos que, como patas, pegan coz,
ojos que echan de rayos un cahíz,
boca que está de zape y dice miz,
y nariz que la sirve de albornoz,
nariz con el catarro pertinaz,
ojos que miran sesgos cualque vez
y boca que repudia el alcuzcuz.
Si las manos me dais en sana paz
como a una mona de Tetuán o Fez,
las morderé un poquito y haré el buz.

Todos — ¡Revítor mil veces! Suya
es la moza sin remedio.

Sacristán — ¿Hay tal cólera de coplas
como ha echado de su cuerpo?
tarabilla con sotana,
¿cuándo escupes?

Mari López — Cuando quiero.

Sacristán — ¿Y cuándo quieres?

Mari López (Escúpele.) — Ahora.

Sacristán — Esto es agravio, per Deum,
pues no te lo dan y escúpeslo,
duende, capón, pollo, clueco.

Brígida — Él ha de ser mi marido,
que es general y discreto.

Sacristán — General o Provincial
yo le pongo impedimento.

Brígida — ¿Y cuál es?

Sacristán — Que no ha cumplido
con las leyes del concierto,
pues no nos ha dado el como.

Mari López — Este le tengo tremendo.

Sacristán — Aún peor está que estaba,
con cien palos me contento.

Mari López — Es el como...

Sacristán — Dilo ya,
apriesa.

Mari López — Pues, ea, direlo

Sacristán — ¡Dilo ya con treinta diablos!

Mari López — Que soy mujer.

Brígida — Según eso
yo sola soy la del como.

Sacristán — Vive Cristo verdadero,
que lo quise yo decir
en mirándole tan suelto.
Brígida, en sede vacante
eres mía de derecho.

Brígida — Vaya, que a falta de pan
buenas son tortas.

Francisca — Bailemos
solemnizando la burla
deste sacristán supuesto.

Músicos (Cantan.) — Afuera, que sale el baile
el sacristán Pedro Tierno
el bonete en la cabeza
(No saquen bonetes.) y en los hombres el pescuezo.
Juzgándole ya marido
todos le tienen por muerto,
mas desta suerte le dicen
viendo que ha salido güero.

Sacristán — El marido y la mujer
una misma cosa es.

Josefa — La doncella y el infanzón
para en uno son.

Mari López — Con la sal de mis donaires
y el picón que dando estoy,
Brígida y los convidados
tendrán lindo salpicón.
Descubriose la maraña,
que llegada a conclusión,
boda de dos llaves huecas
no la he visto nunca yo.

Sacristán — La doncella y el infanzón
para en uno son.

Personajes

Juan Rana
Dos Criados
Bernarda
Dos Mujeres
Un Caballero
Dos Lacayuelos
Músicos

El Toreador

(Sale Juan Rana vestido de caballero ridículo muy triste, dos Criados, dándole de vestir, y Músicos cantando.)

Música
De los desdenes de Gila
¡qué enfermo que anda Pascual!
¿Cómo ha de sanar si es ella
la cura y la enfermedad?

Juan Rana
¡Ay amor, ay deseos, ay cuidado!
¿Qué queréis de un varón enamorado?
¡Ay que bochorno el alma me penetra!
No cantéis más y proseguid la letra.

Música
Gila es su muerte y su vida
y no se la quieren dar:
desdichado del que vive
por ajena voluntad.

Juan Rana
¡Ay, que rabio de amor otra vez digo:
llamadme un confesor, Dios sea conmigo!

Criado I
Señor...

Juan Rana
En un varón es indecencia
tener dañada un punto la conciencia.

Criado II
¿Queréis que canten más?

Juan Rana
¡Ira inhumana!
Los músicos echad por la ventana,
que cuando un gran señor está llorando
no han de estar cuatro pícaros cantando.

Dejadme solo.

Los dos — Ya te obedecemos.

(Vanse todos.)

Juan Rana — ¡Ay cuidado, ay amor! Mucho tenemos
que consultar los dos. Espera, aguarda.
¡Ay ingrata y cruel doña Bernarda!
¡Oh, nunca dueño ingrato,
viera en las covachuelas tu retrato!
¡Ay, Dios mío de mi alma, que me muero
(Llora.) totalmente de amor!

(Sale un Criado.)

Criado I — [...] Un caballero
te quiere hablar y está gran prisa dando.

Juan Rana — Decid que aguarde, que me estoy quejando.

Criado I — Él sale, detenerle ha sido en vano.

Juan Rana — ¡Que aún suspirar no dejen a un cristiano!

(Sale uno vestido de Caballero ridículo y estale mirando un rato.)

Caballero — Primo del alma mía,
abrazadme esta vez en cortesía,
y agradecedme [...] haberos conocido.
¡Jesús, primillo, lo que habéis crecido!
Yo me acuerdo de veros tamañito,
vestido a lo alemán de frailecito.

Juan Rana — Primo, no caigo en vos.

Caballero — ¿Se os ha olvidado?
¡Abrazadme otra vez muy apretado!

(Abrázale.)

Juan Rana — Hombre, si eres mi primo como dices,
los primos no remachan las narices.

Caballero — ¡Cómo si sois mi primo! ¿Hay tal enredo?
Por línea recta vuestra casa heredo,
y si acaso morís abintestato
yo soy el sucesor más inmediato.
¿Tenéis hijos, primillo, para verlos?

Juan Rana — Ando tratando agora de tenerlos.
[...] En fin, ¿vos me heredáis?

Caballero — Eso está llano.

Juan Rana — Digo que sois mi primo, y aun mi hermano.

Caballero — Primo...

Juan Rana (Aparte.) — ¿Qué me queréis? (¡pasiones fieras!)

Caballero — Vuestra mala color, vuestras ojeras
me dan noticias de que andáis inquieto.

Juan Rana — Estoy enamorado de secreto.

Caballero — ¿Con aquesa pasión vuestro amor lucha?
¿Enamorado vos?

Juan Rana ¿Es cosa mucha?

Caballero Demos cuatro paseos,
y decidme, por Dios vuestros deseos,
que de veros tan flaco me lastimo.
Pasa adelante.

Juan Rana [...] Como digo, primo,
yo quiero bien a una mujer tan bella
que no me falta más que conocella.

Caballero ¿Sin verlas hay quien quiera a las mujeres?

Juan Rana Señor mío, este amor fue por poderes.

Caballero ¿Y ella es hermosa?

Juan Rana ¡Ay, primo, es muy perfecta!

Caballero ¿Y habeisla escrito?

Juan Rana Sí, por la estafeta.

Caballero ¿Y es rica?

Juan Rana Tiene muebles y raíces.
(Aparte.) (¿Qué me queréis, memorias infelices?)
¡Ay, primo, que me abraso! ¡Yo estoy loco!

Caballero [...] ¿Qué queréis?

Juan Rana Llorar un poco.

Caballero — Que son congojas, Dios os las reciba.

Juan Rana — Son flatos que el amor me sube arriba.

Caballero — ¿Un hombre de ese talle tiene enojos?

Juan Rana — ¿Lloro yo con el talle o con los ojos?
Ahora, primo, los primos concernientes
diz que están en un tris de ser parientes.
Yo estoy enamorado que es un juicio,
no es mucho en un señor tener un vicio;
[...] aquella hermosa fiera
en una reja dice que me espera,
y habéis de acompañarme aquesta noche.

Caballero — Digo que iré con vos; pongan el coche.

Juan Rana — ¿El coche?

Caballero — Sí, ¿en aqueso qué se pierde?

Juan Rana — No es posible.

Caballero — ¿Por qué?

Juan Rana — [...] Le tengo en verde.
¿Para qué es toda aquesa carambola?
Primo, vamos aprisa.

Caballero — Vamos.

Juan Rana — ¡Hola!
recado de rondar de la armería,
Don julio.

(Sale un Criado con un estoque largo y un broquel, el mayor que se pueda.)

Criado II
Ya le tiene aquí vusía.
¿Dónde pondré el broquel?

Juan Rana
Siempre os lo acuerdo,
ponédmelo delante, al lado izquierdo

Caballero
Ea, primo, ya estamos en la calle.

Juan Rana
Primillo.

Caballero
¿Qué decís?

Juan Rana
¿Es alto el talle?

Caballero
Digo que sois jarifo de estatura.

Juan Rana
Eso, quiébrome yo por la cintura.

Caballero
¿Está la casa muy lejos?

Juan Rana
Ya hemos llegado al balcón.

(Bernarda a la reja.)

Bernarda
Cé [...], ¿es Don Cosme Rana?

Juan Rana
Malo,
¡por Dios que me conoció!
¿Hay lance más apretado?

Bernarda
Don Cosme, mi bien...

Juan Rana ¡Ay Dios
que me requiebra! Yo llego
aunque aventure el honor.
¿Sois doña Bernarda entera?

Bernarda ¿Y vos sois don Cosme?

Juan Rana Soy.
Llegad, primillo, más cerca,
reparad con atención
la perspectiva, el modelo
del rostro que Dios la dio.

Bernarda Yo estoy de prisa don Cosme:
no ignora vuestro valor
[...] que hay toros mañana.

Juan Rana Sí,
que os he alquilado un balcón.

Bernarda Lo que habéis de hacer por mí,
si es que os obliga mi amor
es torear en mi nombre.

Juan Rana No es posible.

Bernarda ¿Cómo no?

Juan Rana Porque me halló con mal pulso
esta mañana el Doctor.

Bernarda Pues don Cosme ¡vive el Cielo!
que esta es ya resolución:

o torear o perderme,
miraldo más bien, y adiós.

(Vase.)

Caballero — Cierto que habéis andado muy grosero.

Juan Rana — No pude más, a fe de caballero.

Caballero — Para no torear ¿qué os embaraza?

Juan Rana — Primo, yo no me siento hombre de plaza.

Caballero — Ya es ésta en vos obligación precisa.

Juan Rana — Rabiando estáis por heredarme aprisa.

Caballero — Pesado sois, por Dios, sin ser de plomo.

Juan Rana — Digo que torearé, mas no sé cómo.

Caballero — Lo primero, con garbo y con denuedo,
es entrar por la puerta de Toledo,
irse al balcón del Rey con gallardía,
[...] hacerle una profunda cortesía,
luego a las damas otras muy perfetas.

Juan Rana — Esas son cortesías con corvetas.

Caballero — Terciar la capa con gentil decoro,
empuñar el rejón, salir el toro,
aguardarle cubierto,
darle en la nuca y ¡zas! dejarle muerto.
Que aquesto hecho con modo y sin recelos

parecerá, don Cosme, de los cielos.

Juan Rana — Y si el toro se tarda descuidado,
¿es cosa de enviarle yo un recado?

Caballero — ¿Tenéis caballos?

Juan Rana — Eso me desvela,
no tengo más que el cisne, el valenzuela,
y un rucio del que vivo satisfecho.

Caballero — En él haréis la entrada.

Juan Rana — No está hecho,
mas es bestia de lindos desengaños.

Caballero — ¿Qué edad?

Juan Rana — Cumplió estas hierbas cuarenta años.

Caballero (Aparte.) — Vamos (hoy llevará el menguado carda).

Juan Rana — ¡Ah, lo que puede en mí doña Bernarda!

(Vanse y salen Bernarda y dos Mujeres.)

Bernarda — Amigas, no lo creo, aunque llegamos,
¡gracias a Dios que en el balcón estamos!

Mujer I — Día de juicio es toros en la villa.

Bernarda — ¡Jesús, y qué penosa escalerilla!

Mujer II — Yo vengo muerta a puros empellones.

Bernarda
Yo de subir trescientos escalones.
Amigas, aún me dura el sobresalto.
¡Jesús, no más balcón en cuarto alto!
aunque de haberle hallado estoy ufana
porque, como sabéis, don Cosme Rana
torea, y en aquestas ocasiones
valen cuatro doblados los balcones.
Los mantos os quitad, que os embarazan.

Mujer I
¡Qué hermosa está la plaza! Sentémonos.

Bernarda
¿Oyes? A muy buen tiempo hemos llegado.

Mujer II
¿Por qué?

Bernarda
Porque ya el Rey está sentado.

Mujer I
Ya la guardia despeja. ¡Qué bizarros!

Bernarda
El gusto, amigas, es ver regar los carros.

(Dentro, voces.)
¡Vítor, don Cosme!

Bernarda
Él sale, verlo es vicio.
Amigas, hoy será día de juicio.

(Sale Cosme, con sombrero de plumas, capa corta y borceguíes y acicates largos, en un caballo de caña y dos lacayuelos delante con rejones y su primo.)

Juan Rana
Primo...

Caballero
Bizarro vais.

Juan Rana
Con gran cuidado

tenedme un confesor asalariado,
que a cada suerte, confesarme quiero.

Caballero — Pues ¿eso ha de decir un caballero?

Juan Rana — Puede darme, mirando mi conciencia,
que me suba a un tablado en penitencia.

Caballero — ¿Y la honra, el honor? ¿Eso os escucho?

Juan Rana — Bien decís: el honor me aprieta mucho.

Caballero — En aqueste tablado estoy, amigo.

(Se retira.)

Juan Rana — Ello ha de ser, pues Dios vaya conmigo.

(Bájase del tablado y vase por el salón adonde está el Rey.)

Bernarda — Hacia el Rey va llegando, verle es vicio.

Juan Rana (Al Rey.) — Señor, yo soy un toreador novicio,
por la Pasión de Dios, que se dé traza
para que me despejen de la plaza.
(A la Reina.) Vos, Señora, rogádselo en secreto,
porque al presente estoy en grande aprieto.
¿Calláis? Pues me remito
(Al Príncipe.) a dalle un memorial al Principito.
¿No me oye su merced? Pues mudo intento,
que tanta majestad me infunde aliento.
Ea, reinas, levántense vusías,
y a tal señor, señoras cortesías.

(Hace sus cortesías a los Reyes, y luego a las damas, y se sube en el tablado, y hace la cortesía a Bernarda y ella se pone en pie y le hace la cortesía.)

Bernarda Hacia el toril se va con gran reposo.

Mujer I ¡Bravo toro ha salido!

(Sale el toro y se encara.)

Mujer II ¡Qué furioso!

Caballero Dios te libre el rigor de sus castigos.

Juan Rana Torillo, tente acá, seamos amigos.
¿No me conoces, di? Ten miramiento,
que soy un toreador de cumplimiento.

Caballero Acometelde.

Juan Rana No me cae en gracia.

(Acomete el toro y él echa a rodar.)

Bernarda Echole del caballo ¡qué desgracia!

Caballero Por un lado os mató, yo soy testigo.

Juan Rana Debe de ser verdad. Muerto soy, digo.
¡Confesión a un vizconde malogrado,
aprisa porque estoy descomulgado!

Bernarda Don Cosme, yo os haré al momento sano
si conmigo os casáis.

Juan Rana
Esta es mi mano,
vuestro marido soy, por tal me entrego.

Bernarda
Pues levantaos, que aquese ha sido juego.

Mujer I
Pues aquí estamos tus amigas todas,
justo será bailar en estas bodas.
(Canta.)
Con Juan Rana Bernarda
viva mil años,
porque son para en uno
los desposados.

Bernarda
Los rejones que saca,
señor don Cosme,
pocos son, pero quiebran
los corazones.

Juan Rana
Yo prometo pues tengo
tan buen principio,
torear a los años
del Principico.

Libros a la carta

A la carta es un servicio especializado para
empresas,
librerías,
bibliotecas,
editoriales
y centros de enseñanza;
y permite confeccionar libros que, por su formato y concepción, sirven a los propósitos más específicos de estas instituciones.

Las empresas nos encargan ediciones personalizadas para marketing editorial o para regalos institucionales. Y los interesados solicitan, a título personal, ediciones antiguas, o no disponibles en el mercado; y las acompañan con notas y comentarios críticos.

Las ediciones tienen como apoyo un libro de estilo con todo tipo de referencias sobre los criterios de tratamiento tipográfico aplicados a nuestros libros que puede ser consultado en Linkgua-ediciones.com .

Linkgua edita por encargo diferentes versiones de una misma obra con distintos tratamientos ortotipográficos (actualizaciones de carácter divulgativo de un clásico, o versiones estrictamente fieles a la edición original de referencia).

Este servicio de ediciones a la carta le permitirá, si usted se dedica a la enseñanza, tener una forma de hacer pública su interpretación de un texto y, sobre una versión digitalizada «base», usted podrá introducir interpretaciones del texto fuente. Es un tópico que los profesores denuncien en clase los desmanes de una edición, o vayan comentando errores de interpretación de un texto y esta es una solución útil a esa necesidad del mundo académico.

Asimismo publicamos de manera sistemática, en un mismo catálogo, tesis doctorales y actas de congresos académicos, que son distribuidas a través de nuestra Web.

El servicio de «libros a la carta» funciona de dos formas.

1. Tenemos un fondo de libros digitalizados que usted puede personalizar en tiradas de al menos cinco ejemplares. Estas personalizaciones pueden ser de todo tipo: añadir notas de clase para uso de un grupo de estudiantes, introducir logos corporativos para uso con fines de marketing empresarial, etc. etc.

2. Buscamos libros descatalogados de otras editoriales y los reeditamos en tiradas cortas a petición de un cliente.